사교육 없이 서울대 가는 수학 공부법

현직 수학강사가 알려주는

사교육 없이 서울대 가는 수학 공부법

초 판 1쇄 2020년 01월 21일
초 판 2쇄 2020년 02월 24일

지은이 전인덕
펴낸이 류종렬

펴낸곳 미다스북스
총괄실장 명상완
책임편집 이다경
책임진행 박새연 김가영 신은서
본문교정 최은혜 강윤희 정은희

등록 2001년 3월 21일 제2001-000040호
주소 서울시 마포구 양화로 133 서교타워 711호
전화 02) 322-7802~3
팩스 02) 6007-1845
블로그 http://blog.naver.com/midasbooks
전자주소 midasbooks@hanmail.net
페이스북 https://www.facebook.com/midasbooks425

ISBN 978-89-6637-756-5 13370

값 15,000원

사교육 없이 서울대 가는 수학 공부법

전인덕 지음

미다스북스

프롤로그

성적보다 동기부여가 먼저다!

나는 학원에 단돈 100원도 쓰지 않고 대학에 입학했다. 마지막에 불안해서 가본다는 면접 학원조차 가지 않았다. 그렇다고 내가 남들보다 뛰어나다는 것은 결코 아니다. 단지 좀 달랐을 뿐이다. 그러므로 이 부분에 대해 오해하지 않았으면 좋겠다.

내가 학원에 다니지 않은 이유는 간단하다. 한 번도 가본 적이 없기 때문이다. 학원의 장점을 전혀 알지 못했다. 대부분의 학생은 학원을 그만두지 못한다. 한 학원이 마음에 안 들면 다른 학원이라도 다닌다. 학원의 도움 없이 혼자 공부하는 것을 상상하기 힘들기 때문이다. 나는 그 반대였다. 학원을 계속 안 다녔기에 학원에 다니는 것이 상상이 안 됐다. 친구들 따라 학원에 가면 나만의 리듬이 깨질 것 같아 두려웠다.

내 고집스런 성격도 한몫했다. 난 내가 주인이 되어 행동하는 것을 좋아한다. 남이 시켜서 공부를 하면 스트레스가 생겼다. 학원에 가면 남이 만들어주는 커리큘럼에 나를 맞춰야 한다. 나는 그러고 싶지 않았다.

또한 나는 잡생각이 많은 사람이다. 수업을 듣다가 어떤 생각이 들면 그것과 관련된 것을 연상한다. 선생님이 만약 축구 이야기를 하면 처음엔 축구공을 떠올린다. 이후 축구공은 둥그니까 구의 방정식을 상상한다. 구는 3차원에 있으므로 차원을 확장하여 n차원을 생각한다. 마지막으로 n차원에서의 벡터 내적의 정의를 떠올린다. 그사이 선생님은 다음 문제를 풀고 계신다. 나 혼자 다른 생각을 하니 흐름을 놓치고 만다. 나는 학교 수업에서도 이렇게 잡생각을 많이 했기에, 학원에 가면 시간을 더 낭비하게 될 것 같아서 다니지 않았다.

하지만 몇 가지 사건으로 인해 학원에 대한 인식이 바뀌게 되었다. 누군가에게 배우는 것이 꼭 필요하다는 생각이 들게 된 것이다.

나는 고1 때 고려대학교에서 무료로 영어를 배웠다. 수능 영어에서 벗어나 토익, 칼럼 등 다양한 영어를 알게 되었다. 그리고 교수님이 내주신 숙제를 다 해가기 위해 몸부림치며 실력이 대폭 상승하게 되었다. 고1 때 영어를 제대로 다져놓으니 이후 적당히 공부해도 점수가 잘 나왔다. 혼자만 공부해서는 얻지 못했을 값진 경험이었다.

'티치미(teach me)'라는 무료 인터넷 강의 사이트도 도움이 됐다. 티치미에는 '한석원' 선생님의 무료강의가 올라와 있는데 개념 설명을 너무 잘하셔서 놀랐다. '수학은 내용이 중요할 뿐 설명을 잘하고 말고 할 것이 있을까?'라고 생각하던 나였는데, 이때부터 '전달력이 좋은 강사는 학생에게 도움이 될 수 있다.'라는 명제를 참으로 받아들이기로 했다.

학원에 대한 내 인식은 강사가 되고 나서 완전히 바뀌었다. 일부 학생에게 학원은 큰 도움이 된다는 것을 눈으로 목격했기 때문이다. 학생들에게 직접적인 도움을 줄 수 있는 강사들이 많다. 공부를 잘하는 데 고수의 가르침은 꼭 필요하다. 혼자 고민해서는 알 수 없는 것들이 분명히 있기 때문이다.

'사교육 시장'이라는 말이 있다. 즉, 학원은 시장의 논리에 따라 움직인다는 것이다. 사교육이 학생들에게 아무런 도움이 되지 않는다고 하자. 그렇다면 거리에 있는 수많은 수학학원은 진작 망했어야 한다. 사교육을 잘 이용하면 좋은 결과를 얻을 수 있다. 실제로 명문대에 입학한 학생들 중 대부분은 사교육을 받았다. 그리고 원하는 결과를 얻었다.

문제는 사교육을 잘못 이용하고 있는 학생들이다. 공부의 본질이 무엇인지도 모른 채 학원만 열심히 다니는 것이다. 그러면 성적은 성적대로 안 나오고 돈과 시간만 버리게 된다. 강사로 지내면서 이러한 학생들을 너무나 많이 봐왔다.

그렇다면 학원은 어떻게 다녀야 할까? 학원을 안 다니고도 수학을 잘할 수 있을까? 올바른 수학 공부법은 존재할까?

이러한 물음에 답하고자 책을 쓰기로 결심했다. 나는 다양한 경험을 통해 고등학교 수학 공부 팁을 알게 되었다. 서울 시내 고등학교에서 3년간 10번 전교 1등을 한 노하우들을 써보았다. 또한 수학 강사 생활을 통해 느낀 것들도 정리해보았다.

수학 공부의 본질은 혼자서 고민하는 것이다. 이 책은 사교육을 하지 말라거나 무조건 사교육을 하라는 것이 아니다. 그냥 '사교육을 잘 활용하자'로 받아들이면 될 것이다. 적절한 사교육은 분명 큰 도움이 될 수 있다.

이 책은 한 가지 큰 전제를 바탕으로 이야기를 전개한다. 독자가 학생일 경우, 대학에 입학하는 것이 목표여야 한다는 것이다. 명문대에 가지 않고서도 성공할 수 있는 길은 많다. 하지만 공부를 하는 기간에는 목표가 굳건해야 한다. 대학에 가는 것만이 성공의 길이라고 믿어야 한다. 그렇게 해야 자신의 실력을 극한까지 끌어올릴 수 있다.

공부하고자 마음먹고도 해야 할 것이 산더미다. 그런데 대학에 가는 것이 옳은 길인지를 고민하고 있다면 이 책은 큰 도움이 되지 않을 것이다. 결국 목표 설정을 잘하는 것이 중요하다.

수학 공부에서 가장 중요한 것이 무엇인지에 대해 많은 고민을 했다. 많은 사람이 '머리가 중요하다.'라고 할 것이다. 머리가 중요한 건 맞지만 가장 중요한 것은 아니다. 머리가 비상하지만 시험을 못 본 친구들도 많기 때문이다. 멘사 출신이어도 공부를 안 해서 본인의 목표와는 다른 곳에 간 친구들을 많이 봤다. 분명 머리가 좋으면 유리한 것은 맞다. 이것을 부정하면 사기꾼이다. 하지만 생각을 바꾸어야 한다.

어차피 두뇌는 우리가 바꿀 수 없는 불변량이다. 그리고 우리는 인생을 한 번 산다. 한 번 사는 인생 폼 나게 살면 좋지 않은가? 내가 어떤 머리를 갖고 태어났든, 남은 인생은 노력으로 채우면 되는 것이다. 단순히 노력만으로 필즈상을 받는 것은 힘들 것이다. 하지만 원하는 대학에 들어가는 것은 가능하다. 그러한 사례들은 이미 너무나 많다.

간혹 노력도 재능이라고 말하는 사람들이 있다. 하지만 노력은 강한 목표의식과 동기부여로부터 나온다. 노력을 재능이라고 말하는 사람들은 핑계 대는 것을 좋아하는 이들이다.

문제는 동기부여를 하는 것이 어렵다는 것이다. 타고난 성격이 낙천적이고, 집도 적당히 잘사는 경우가 가장 힘들다. 공부를 왜 해야 하는지 모르는 것이다. 그 외에도 동기부여가 잘되지 않는 학생들이 굉장히 많다. 부모님의 사업이 갑자기 망해서 가난을 겪거나 질병으로 고통받는 등 충격적인 사건이 일어나야만 바뀌는 사람들도 있다.

그래서 이 책은 동기부여부터 해야 한다는 것을 말하고 있다. 공부 방법을 논하기에 앞서 '왜' 공부해야 하는지부터 알아야 한다. 독자들은 꼭 공부하고 싶은 이유를 찾길 바란다.

이후에는 내가 고등학교 때 경험한 노하우들을 적었다. 강사 생활을 통해 느낀 것들도 정리해보았다. 많은 학생이 궁금해할 것 같은 주제들

위주로 선정했다. 혹은 내가 꼭 하고 싶은 이야기를 썼다. 마지막으로 대학입시에서의 수학의 중요성을 강조했다.

수학 실력이 늘려면 '혼자 오랫동안' 고민해야 한다. 그러나 혼자 하라는 이야기는 아니다. 절대 시간을 확보한 상태에서 주위의 도움을 받으면 더 좋다. 대부분은 여전히 학원에 다닐 것이다. 최선을 다해 고민하는 것에 학원의 강의가 더해지면 큰 효과를 볼 수 있다.

이 책에 나오는 공부법은 정답이 아니다. 단지 목표에 도달하게 해주는 안내서다. 진정한 정답은 여러분이 찾아야 함을 명심하자. 자신만의 공부법을 찾고 스스로 동기부여를 해보자. 그리고 올바른 방법으로 공부해보자.

이 책이 수학 때문에 고통받으며 고민하는 수많은 고등학생에게 큰 도움이 되었으면 좋겠다.

CONTENTS

CLASS 1

수학 공부에 올인하지 못하는 이유

CLASS 2

‘어떻게’가 아닌 ‘왜’ 공부하는지를 생각하라

CLASS 3

평범한 내가 서울대에 합격한 8가지 공부 비결

CLASS 4

만점을 목표로 하는 7가지 기술

CLASS 5

수학 공부가 즐거워지면 나머지는 저절로 된다

mathematics

CLASS 1

수학 공부에 올인하지 못하는 이유

01

잘하는 게 없는 평범한 중학생

/

"끊임없이 노력하라. 체력이나 지능이 아니라
노력이야말로 잠재력의 자물쇠를 푸는 열쇠다."
–윈스턴 처칠(영국의 총리)

소심하고 열등감 가득한 아이

'노오오력'이라는 표현이 있다. 성과가 좋지 않을 때 노력 탓만 하는 사람들을 비꼬는 표현이다. 실제로 노력만으로 안 되는 일들이 많다. 요즘 20, 30대 대학생들의 스펙은 과거에 비해 매우 뛰어나다. 학벌 외에도 토익점수, 자격증, 공모전, 인턴 등 다양한 스펙을 쌓는다. 하지만 취업이 쉽지가 않은 세상이다. 서울대만 졸업하면 취직하는 세상은 끝난 것이다.

과거에는 학벌만 좋으면 대기업에 취직이 쉽게 됐다. 그러나 요즘은 노력해도 잘 살기 쉽지 않다. 무턱대고 대학생들에게 노력만을 강요하다간 꼰대 취급을 당하기 딱 좋다. 하지만 그렇다고 노력을 무시해서는 안 된다. 분명히 노력으로 되는 것들이 있기 때문이다.

나는 어렸을 때부터 잘난 것에 대한 열망이 강했다. 초등학교 때는 인기가 많은 친구들이 부러웠다. 요즘 표현으로 '인싸(insider, 인사이더의 줄임말)'라고 한다. 소위 인싸인 친구들은 끼가 많았다. 춤을 잘 추거나 노래를 잘했다. 유머러스하거나 힘이 셌다. 남들보다 외모가 월등히 뛰어나도 인싸가 됐다.

나는 잘하는 게 하나도 없었다. 축구를 즐겼으나 남들 하는 정도만 했다. 초등학교 때 처음 생긴 PC방 게임도 특별히 잘하지 못했다.

공부도 마찬가지였다. 영재라고 불리는 아이들과는 거리가 멀었다. 나는 나보다 잘난 아이들을 부러워하며 초등학교 생활을 보냈다.

중학교 때는 그러한 부러움이 더 심해졌다. 사춘기가 왔고 머리는 커졌다. 아는 것이 많아지는 만큼 내가 잘하는 게 별로 없다는 것이 싫었다. 학교에는 일진이라 불리는 잘 노는 친구들이 있었다. 나도 그들처럼 잘 놀 줄 아는 사람이고 싶었지만 그러지 못했다. 일진 아이들은 셋 중 하나였다. 싸움을 잘하거나 잘생기거나 성격이 매우 좋거나. 나는 어느 것도 아니었다. 그들을 부러워했다.

숫기가 별로 없어서 이성에게는 말도 못 걸었다. 중학교 3년 내내 한 학생을 짝사랑했다. 졸업식 날 나는 용기 내어 고백을 했다. 만나자고 한 것이 아니라 그냥 "널 좋아했어."라고 말했다. 그렇게 말한 이유는 만나자고 해도 거절할 것 같았기 때문이다. 그리고 고등학교에 올라가면 공부만 해야 한다는 강박관념도 있었다.

공부도 적당히 잘하는 아이였을 뿐 서울대는 꿈도 못 꿀 실력이었다. 장래희망도 없었다. 그냥 막연하게 고등학교 가서 열심히 공부하자는 생각만 했다. 대입을 위해선 고등학교가 진짜 승부라는 생각은 가지고 있었다.

중학교 3학년 때 본격적으로 공부를 해보았다. 노력을 하니 어느 정도 성적이 올랐다. 노력을 해야만 한다는 깨달음을 얻었다. 이때부터 노력하는 인생이 시작되었다.

고등학교에 올라와서는 본격적으로 공부를 했다. 공부를 하지 않으면 점수가 잘 나오지 않았다. 세상은 불공평하다는 생각이 들었다.

당시 친구 중에 머리가 유독 좋다고 소문난 아이가 있었다. 그 친구는 이름만 들어도 다 아는 유명 중학교를 나온 친구였다. 고1인데도 미적분도 아주 잘했다. 선행 속도가 남들보다 훨씬 빨랐던 것이다.

평소에 공부도 별로 안 하는 것처럼 보였는데 늘 성적이 좋았다. 거기에 비해 나는 부족한 점이 많았다. 두뇌회전도 느리고 지식도 부족했다. 선행도 별로 되어 있지 않았다. 그 친구처럼 잘난 아이들을 보면 기분이 좋지 않았다. '나는 왜 더 똑똑하게 태어나지 못했을까?'라는 생각을 솔직히 여러 번 했다. 우울함은 남과의 비교에서 오게 된다.

마인드를 바꾸기로 했다. 그 친구가 잘하는 것과 별개로 '내가' 100점을 받으면 똑같다는 생각이 들었다. 그래서 어떻게 하면 100점을 받을지만 궁리했다. 남과의 비교를 끊고 나 스스로의 노력에만 집중한 것이다. 결국 그 친구는 고2 때 조기졸업으로 포항공대에 갔고, 나는 나대로 서울대에 갈 수 있었다.

나는 노력해야만 살아갈 수 있음을 깨닫다

사실 내가 노력파인 것을 인정하기까지는 오랜 시간이 걸렸다. 군대에 있을 때 이야기이다. 우리 부대에서는 주기적으로 태권도 단증 심사가 열렸다. 의무적으로 1단을 따야 했다. 태극 3장, 5장, 8장 등의 품새를 외워야 했다. 몸도 유연해야 했다. 너무나 하기 싫었다. 하지만 단증을 따지 못하면 선임들이 갈구는 문화가 있었다. 게다가 내 맞선임은 군대에서도 소문난 태권도 유단자였다. 성격도 불같았다. 나는 울며 겨자 먹기로 태권도를 했다.

하기 싫으니 품새가 잘 외워지지가 않았다. 어찌어찌 동작을 겨우 외웠지만 몸이 뻣뻣한 것이 문제였다. 연습을 하기로 했다. 저녁을 먹고 자유시간이 생기면 다리 찢기부터 시작했다. 난간에 발을 올리고 30분 동안 가만히 있었다. 품새를 외워도 다리가 유연하지 않으면 탈락하기 때문이다. 매일매일 연습했다. 그러다가 맞선임을 만나게 되었다. 맞선임은 노력하는 내 모습을 보고 놀라며 이렇게 말했다.

"인덕아, 너는 정말 노력파구나!"

나는 그 말을 듣는 순간 너무나 슬펐다. 내가 평범한 사람이라는 것이 증명되었기 때문이다. 나는 항상 재능 있는 아이들을 부러워서 그 재능들을 흉내 내곤 했다. 그렇게 해서 내가 평범한 사람이라는 것을 남들이 모르기 바랐다. 내가 듣고 싶었던 말은 정해져 있었다.

"인덕이 너는 태권도에 재능이 있구나."

어디를 가서 서울대를 졸업했다고 하면 나를 매우 똑똑한 사람으로 오해한다. 나는 실제로 받아들이는 것이 느리다. 그리고 '허당' 같은 면모가 있어서 어찌 보면 바보 같기도 할 때가 많다. 나는 그러한 내 모습이 너무 싫었다.

매일 노력한 덕분에 태권도 단증은 따게 되었다. 태권도 1단은 자랑할만한 일이 아니다. 하지만 중요한 것은 나는 재능이 하나도 없었는데 순수하게 노력으로 따냈다는 것이다. 이때부터 생각이 바뀌게 되었다. 나는 노력해야만 살아남을 수 있는 사람이라는 것을 알게 된 것이다. 그리고 노력하면 1등은 못 해도 어느 정도는 이루어낼 수 있다는 자신감도 갖게 되었다.

군대에서는 여러 가지 테스트를 통과하면 특급전사라는 타이들을 달아준다. 구체적으론 사격과 체력테스트를 통과해야 한다. 그러면 포상휴가를 준다. 휴가를 받기 위해 특급전사가 되기로 결심했다. 부끄럽게도 내 사격 실력은 20발 중 11발 정도의 수준이었다. 나는 사격에도 재능이 없었다. 사격을 잘하기 위한 여러 가지 팁을 들었다. 목표물보다 조금 아래를 쏴야 한다든지, 견착을 잘해야 한다든지 말이다. 나는 연습 시간을 충분히 늘리기로 했다. 그래서 영점이 이미 잡혀 있음에도 영점 사격을 하러 갔다. 그렇게 부지런히 사격 연습을 했고, 마침내 상병이 끝날 즈음 18발을 맞출 수 있었다.

체력테스트에선 오래달리기가 걸림돌이었다. 팔굽혀펴기, 윗몸일으키기는 문제가 되지 않았다. 이등병 때부터 선임들이 시켰기 때문이다. 나는 중학교 때부터 항상 오래달리기를 잘 못하는 학생이었다. 스스로의 분석 결과 페이스 조절을 잘 못하는 것이 원인이었다. 그래서 매일매일 저녁을 먹고 연병장을 10바퀴씩 한 달을 뛰었다. 눈에 띄게 기록이 좋아졌다. 달리는 법도 알게 되었다. 이후 달리기 테스트에서 나는 당당히 특급 판정을 받고 결국 휴가를 얻어냈다.

학원에서 수업을 하다 보면 아이들도 비슷한 고민을 한다는 것을 알 수 있다. 간혹 성실하지 않아 보여도 성적이 좋은 친구들이 있다. 같이 노력을 해도 점수가 더 잘 나오는 친구들이 있다. 그러면 다른 학생들은 허무한 감정을 느끼고 '나는 해도 안 된다.'라는 자괴감을 갖기도 한다. 그러나 그러한 감정을 가지면 안 된다.

나도 비슷한 고민들을 많이 했다. 세상이 불공평하다는 것에 좌절도 많이 했다. 하지만 이왕 이 세상에 나왔는데 멋지게 살아보는 게 낫지 않겠는가?

내가 잘나지 않았다는 사실을 인정해야 한다. 그것을 받아들이면 한결 마음이 편해진다. 이후 목표를 높게 잡아보자. 이제 목표와 출발선 사이 간격을 바로 '노력'으로 메우면 된다. 노력만으로 평범한 사람도 어디 가서 1인분은 할 수 있다.

본인이 평범하다고, 혹은 못났다고 우울해하지 말자. 더 못나고 힘든 상황을 노력만으로 극복한 사례를 찾아보자. 그러한 사례는 인터넷에 널려 있다. 노력으로 가능한 것이 분명히 있다. 누구보다 노력파였던 내가 그 증거다. 그러므로 평범한 당신도 목표를 세우고 노력하는 사람이 되길 바란다.

마법같이 수학이 쉬워지는 Q&A

문제집은 어떤 것을 푸는 게 좋나요?

(예비 고1 E학생)

요즘엔 문제집이 좋은 게 워낙 많습니다. 그래서 자신에게 맞는 것을 골라서 쓰면 됩니다. 보통 방학 때 개념서 및 유형서를 같이 풀고 이후 시험이 다가올수록 어려운 문제집과 기출문제들을 풀면 좋습니다. 기출문제는 모의고사 기출과 내신 기출문제들을 말합니다. 문제집을 선택할 땐, 자기 학교 내신 스타일도 고려해야 합니다. 수능 스타일로 시험이 나오면 고1, 고2 모의고사 기출을 많이 풀어봐야 합니다. 계산이 지저분한 형태면 그에 맞는 문제집을 찾으면 됩니다. 특목고 학생이라면 『실력 정석』 같은 책을 봐야 합니다. 문제집은 본인 실력과 목표에 따라 결정되므로 상황 분석을 먼저 잘하는 게 중요합니다.

02

게임보다 공부가 재밌는 사람은 없다

/

"늦잠 자기 좋은 날이다. 머리 하기 좋은 날이다.
데이트하기 좋은 날이다. 쇼핑하기 좋은 날이다. 여행 가기 좋은 날이다.
그러나 최고가 되기엔 더 좋은 날이다."
—이상화(스피드 스케이팅 국가대표)

게임에 빠져 인생을 허비하다

내가 고등학생 때 핸드폰 게임은 굉장히 유치했고 재미도 없었다. 스마트폰이 있기 전이기 때문이다. 하지만 요즘 핸드폰 게임은 매우 재미있다. 인기 있는 컴퓨터 게임을 그대로 옮겨놓은 것만 같다. 그래픽도 내용도 훌륭하다. 수업을 하다 쉬는 시간이 되면, 일부 아이들은 게임을 시작한다. 수업을 시작하려 하면 1분만 늦게 시작해달라고 조른다. 게임을 끝내야 하기 때문이다. 핀잔을 주지만 속으론 공감을 한다. 나도 게임을 좋아했기 때문이다.

게임은 남녀노소가 모두 좋아한다. 다만 정도의 차이가 있을 뿐이다.

몇 시간씩 하는 사람들이 있는 반면, 5분 정도 하고 그만하는 사람들도 있다. 나도 학창 시절 게임을 굉장히 많이 했다. 특히나 '스타크래프트'와 '워크래프트'라는 게임을 즐겨했다.

중학생 때는 하루에 5시간씩 게임을 했다. 상대방을 이기는 것이 너무나 좋았다. 반대로 지면 기분이 안 좋았다. 월등한 실력 차이로 지면 괜찮았지만 근소한 차이로 패배하면 너무나 분했다. 그래서 패배 원인을 분석하고, 같은 실수를 반복하지 않기 위해 노력했다.

'스타크래프트'에는 '유즈맵'이라는 개념이 있다. 원래 게임보다는 좀 더 가벼운 조건으로 빠르게 진행되는 형태의 게임이다. 특정 유즈맵을 많이 했고 그 분야에서는 거의 1인자가 되었다. 어떤 사람이랑 해도 이길 수 있다는 자신감이 붙었고 기분이 매우 좋았다. 그 시간에 공부를 했어야 하는데 말이다.

고등학생 때도 게임을 끊지 못했다. 월요일부터 금요일까지 열심히 학교생활을 했다. 토요일이 되면 고려대학교에 가서 영어 공부를 했다. 학교에서 지원해주는 무료 토익 수업이었다. 집에 오면 4시가 되었다. 그때부터 밤 11시까지 게임을 했다. 일주일 중에 유일하게 일탈하는 시간이었다. 이후 공부를 좀 하다가 잤다. 일요일 아침엔 교회를 갔다. 기도를 하며 스스로 회개했다. '다시는 게임을 하지 말자.' 오후 1시가 되면 독서실에 가서 공부를 했다. 전날 게임했던 것에 대한 죄책감 때문인지는 몰라도 집중이 매우 잘됐다.

돌이켜보면 약간의 게임을 통해 일주일간의 스트레스를 날려버린 셈이다. 절대로 추천하지 않는 방법이다. 내가 5시간 게임했다고 따라 하려고 하면 안 된다. 나는 평일과 일요일 모두 정말 성실하게 살았기 때문이다.

학원을 다니지 않았던 나는 스스로의 공부법과 리듬이 필요했다. 여자친구도 없었고, 노는 친구들도 없었다. 공부를 열심히 하다 보니 지치는 순간이 발생했고 하필 그것이 토요일 오후였던 것이다. 꼭 5시간을 채워야 스트레스가 풀리는 것은 아니었다. 만약 토요일에 집에 오는 시간이 저녁 8시였다면, 3시간만 게임하고 잤을 것이다.

고2 겨울방학이 되어서야 게임을 완전히 끊을 수 있었다. 여름방학보다는 겨울방학이 더 길다. 또 나는 더위를 잘 타기 때문에, 겨울에 공부가 더 잘됐다. 고2 겨울방학 직전, 방학을 제대로 보내지 못하면 대학에 갈 수 없다는 생각이 들었다. 그래서 스스로 '게임을 1분이라도 하면 삼수를 하겠다.'라고 다짐했다. 그리고 거짓말처럼 게임을 끊을 수 있었다.

머리는 좋지만 게임에 빠져서 고생을 한 친구들이 제법 있다. 고등학교 때 같이 열심히 공부했던 친구가 있다. 그 친구는 2학년 때 나와 성적이 비슷했다. 그런데 여름방학 즈음 '워크래프트' 라는 게임에 빠졌다. 자습시간에 남들이 공부할 때, 그 친구는 연습장에 게임 캐릭터와 지도를 그리고 있었다. 어떻게 하면 최적의 아이템을 맞출지 구상했다. '템트리'라는 아이템 가는 순서를 연구하기도 했다. 결국 시험에서 미끄러진 친구는 재수까지 해야 했지만 다행히 의대를 갔고 지금은 잘 지내고 있다.

다른 친구는 수학 국가대표 후보까지 올랐을 만큼 머리가 좋았다. 영재학교에 다니던 그 친구도 똑같은 게임에 빠졌다. 게임 대회를 준비한다고 학업을 소홀히 했다. 결국 친구들에 비해 1년 늦게 서울대에 올 수 있었다. 지금은 박사과정을 마치고 미국에서 결혼하여 행복하게 지내고 있다.

두 친구 모두 머리가 비상한 아이들이었다. 하지만 공부에서보다 게임에서 재미를 찾았다. 게임이 더 즐거웠던 것이다.

공부가 재미없는 것은 당연한 것이다

공부를 하다 보면 힘이 들 때가 많다. 그럴 때 사람은 합리화를 하게 된다. 자신이 힘든 이유에 대해서 말이다. 합리화를 하기 가장 좋은 말을 하나 소개하겠다.

'평범한 사람은 노력하는 사람을 이길 수 없다. 노력하는 사람은 즐기는 사람을 이길 수 없다.'

누구나 한 번은 들어봤을 말이다. 특히나 수험생의 입장에서는 달콤한 말일 수 있다. 스스로 합리화하기 딱 좋기 때문이다.

'나는 지금 공부가 즐겁지 않다. 나보다 성적이 좋은 저 친구는 분명 공부를 즐기고 있을 거야. 따라서 나는 저 친구를 이길 수 없어.'라는 생각을 하게 되는 것이다.

실제로 즐기고 노력 안 하는 사람은 좋은 결과를 얻지 못한다. 즐기든 안 즐기든 노력은 무조건 필요한 것이다. 물론 노력하면서 즐기는 사람들은 정말 강력하다. 서울대학교에는 그런 친구들이 많다.

그렇다면 공부에서 '즐긴다'는 것은 무슨 의미일까? 게임을 할 때의 즐거움과 공부를 할 때의 즐거움이 동일 선상에 있을까? 절대 그렇지 않다. 내가 본 모든 상위권 학생은 게임하는 것을 더 좋아했다. 간혹 게임을 싫어하는 친구들도 있다. 그런 사람들의 경우에도 친구들과 수다를 떨거나, 영화를 보거나, 여행을 하는 것 등을 더 좋아한다. 도서관에 앉아서 책을 보는 것보다 말이다.

그렇다면 공부에서 재미를 느낀다는 것은 거짓말일까? 공부를 잘했던 사람들은 공통적으로 다음과 같이 말한다.

'공부에서 재미를 느낀 적도 있어요.'

즉, 공부를 즐긴 적도 있다는 뜻이다. 이게 무슨 말일까?

수학 문제를 풀 때, 처음부터 고난이도 문제가 풀리지는 않았다. 특히나 미적분이 그랬다. 미적분은 숙달이 되어야 하기 때문이다. 하지만 계속 연습을 하다 보니 어느 순간부터 문제들이 풀리기 시작했다. 그리고 고난이도 문제도 풀 수 있었다. 이 과정에서 자신감이 생기게 되었다.

실력을 확인하기 위해 많은 문제를 풀어봤다. 처음에 『수학의 정석』을 풀었다면, 이후 『쎈 수학』을 풀었다. B스텝을 풀고, 더 어렵다는 C스텝을 풀었다. 이후 수능 기출문제를 풀고, 그중에서도 오답 비율이 높았다고 하는 문제들을 풀었다. 문제가 풀리면 기분이 좋아졌다. 사람들은 이 감정을 '즐겁다'고 표현한다.

실력이 늘어난다는 느낌이 들거나 성적에서의 보상이 있을 때 즐거움을 느꼈다고 이야기한다. 1등급이라는 점수, 주위의 칭찬이 나를 기분 좋게 만드는 것이다. 게임할 때의 말초적 자극과는 다른 성질의 기쁨이다. 게임을 열심히 하다가 갑자기 재미있을 거 같아서 수학 문제를 푸는 사람은 없다.

학생에게 공부는 선택이다. 공부가 아니어도 성공할 수 있다. 하지만 '의무'라는 생각으로 임해야 좋은 결과를 낼 수가 있다. 이왕 하는 거 '공부만이 살 길이다.'라는 생각을 가져야 한다. 그럼 이제부터 당신에게 공부는 의무인 셈이다. 어차피 해야 할 공부라면 즐겁게 해야 한다.

나도 게임에 빠져서 많은 시간을 버렸다. 그만큼 게임은 재미있다. 일요일 오전마다 나는 자기반성을 했다. 나보다 잘하는 아이들은 게임보다 공부를 즐길 것이라고 생각했다. 하지만 알고 보니 그렇지 않았다. 최상위권 아이들조차 공부보다 게임을 더 좋아했다. 단지 참고 공부했을 뿐이며, 꼭 해야 하는 공부를 하면서 그 안에서 어떻게든 즐거움을 얻는 것이다.

더 이상 변명은 하지 말자. 게임을 하는 것이 공부에 큰 해가 된다고 판단되면 과감하게 끊어라. 그리고 성적에서 즐거움을 찾아라. 그 과정이 고달플 순 있다. 바로 좋은 결과가 나오지 않기 때문이다. 하지만 성적으로 얻는 즐거움은 게임에서 승리하는 기쁨보다 훨씬 오래 지속된다. 좋은 성적은 당신의 인생을 바꾼다. 지금 당장 게임을 끊어보자. 그리고 공부를 게임처럼 열심히 해보자. 분명 "공부가 즐겁다."라고 이야기할 날이 올 것이다.

03

수학 공부의 시작은 습관이다

/

"처음에는 우리가 습관을 만들지만, 그다음에는 습관이 우리를 만든다."
–존 드라이든(영국의 시인, 극작가이자 비평가)

한 번 본 문제는 언제든 풀 수 있어야 한다

나는 손톱을 물어뜯는 습관이 있다. 보기에도 흉할뿐더러 기능적으로도 좋지 못하다. 캔 뚜껑을 따야 할 때 손톱을 쓰지 못해서 이빨로 딴다. '세 살 버릇 여든 간다'는 말처럼 이 버릇은 세 살 때부터 이어졌다. 고치고 싶어도 고치기 힘들다. 습관이란 이토록 무섭다.

습관이 우리 몸에 배어버리는 순간 싫든 좋든 쫓아다닌다. 따라서 좋은 습관을 들여야 한다. 입시는 장기 레이스다. 지금부터 쌓는 올바른 공부 습관이 중요하다. 수학을 잘하려면 어떤 습관들이 필요할까?

내가 수학 실력이 상승할 수 있었던 비결 중 하나는 강박관념이었다.

그리고 그 생각은 습관으로 이어졌다. 나는 항상 '한 번 풀었던 문제는 반드시 풀 수 있어야 한다.'라고 생각했다. 아무도 나에게 그러한 것을 강요하지 않았다. 풀었던 문제를 못 풀었다고 혼내지도 않았다. 하지만 왠지 그래야 할 것 같았다. 과거에 '내가 풀었던 문제를 다시 못 푸는 데 새로운 문제를 풀어서 무얼 할까?'라는 생각이 들었다. 그래서 문제집도 한 권을 여러 번 볼 수밖에 없었다.

정석을 한 번 풀면 연습문제에서 틀리는 문제들이 속출했다. 나는 맞은 문제들은 채점을 하지 않았다. 문제에 동그라미 치는 친구들을 보면 이해가 되지 않았다. 맞아야 할 것을 맞고서 유난 떤다는 느낌이 들었다. 동그라미를 치면 다시는 그 문제를 안 보겠다는 것처럼 보였다. 그래서 나는 틀린 것만 표시했다.

내가 맞은 문제들에 대해서, '그 문제보다 완전히 위에 있다고 할 수 있을까? 다시 보면 새로운 것이 보일 수도 있다, 운 좋게 맞은 것일 수도 있다.'라고 생각했다. 그래서 조금이라도 어려웠던 문제들은 따로 표시를 해두었다.

그렇다고 내가 실력이 좋았던 것도 아니다. 단지 목표가 높았을 뿐이다. 정석 책에는 종종 비가 왔다. 틀린 게 많았기 때문이다. 나는 맞은 것도 다시 봤고, 틀린 것은 더 열심히 봤다.

신기하게도 틀린 문제들은 다시 풀어도 또 틀렸다. 맞더라도 과거에 풀었던 것을 기억해서 푼 느낌이 들었다. 아직 그 유형을 정복하지 못한 셈이다. 이런 경우에는 그 문제만 계속 보기보단 그 문제와 비슷한 문제들을 풀어보는 것이 좋다. 물론 고민도 많이 해보아야 한다.

이런 식으로 공부하니 정석만 4번을 돌리게 되었다. 풀이가 저절로 외워진 문제들을 거르고, 틀린 문제 위주로 풀면 4회독도 생각보다 오래 걸리지 않는다. 그리고 어느 순간은 정석을 볼 필요가 없어졌다. 완전히 외웠기 때문이다. 정석의 모든 문제를 다 풀 수 있게 되었다. 아무 페이지 아무 문제나 내놓아도 풀 수 있게 공부했다. 그렇게 되기까지 많은 시간을 투자한 것이다. 과거에 내가 특정 문제를 풀었더라도 그 문제를 완벽하게 정복한 것이 아니라면 나중에 즉답을 할 수 없다. 반대로 모든 문제를 즉답할 수 있을 때까지 공부하는 데는 꽤 많은 시간이 걸린다. 그렇게 공부하면 기본기가 확실히 쌓이게 된다. 그리고 하나의 책을 마스터했다고 이야기할 수 있게 된다.

수학은 책 한 권만으로 절대 정복할 수 없다. 최상위권이 되려면 무조건 많은 문제를 접해보아야 한다. 하지만 그 단계에 가기 전에는 1~2권의 책을 마스터해야 한다. 한 번 풀었던 문제는 언제든지 다시 풀 수 있도록 반복하는 공부습관을 들여야 한다.

수학 공부에서 제일 중요한 것은 고민하는 습관이다

수학 공부에서 매우 중요한 습관이 있다. 그것은 '고민하기'이다. 한 문제를 가지고 오랫동안 고민해보아야 한다. 스타 강사 한석원 씨는 "타협을 해서는 안 된다. 집요하게 필연의 결과를 쫓아라."라고 말했다. 깊은 고민이 성적 향상을 가져다준다.

문제를 고민하는 습관이 상위권으로 갈 때 가장 필요한 요소이다. 중위권까지 올라가기에는 유형에 대한 암기로서 해결이 가능하다. 간혹 8등급에서 3등급이 되었다고 대단하다고 말하는 사람들이 있다. 물론 전혀 기초가 없던 상태에서 그 정도의 성과를 이루어낸 것은 칭찬할 일이다. 하지만 공부를 조금만 하면 비교적 손쉽게 이루어낼 수 있는 성과이다.

2등급에서 1등급 되기가 더 어렵다. 그리고 1등급에서 고정적인 1등급, 혹은 만점에 수렴하는 것이 훨씬 더 어렵다. 그 과정에 이르기까진 많은 문제와 깊은 고민이 필요하다.

어려운 문제일수록 풀이가 2가지 이상 존재한다. 그러므로 선생님이나 해설지가 풀이한 한 가지 풀이에 만족하면 안 된다. 스스로 다른 풀이를 고민해볼 줄 알아야 한다.

고1 내용 중 직선, 원, 평행 이동 등의 내용이 나오는 부분을 '도형의 방정식'이라고 한다. 이 단원에서는 기하를 배운다. 중학교 때 배우는 기하는 보통 '논증기하'라고 불린다. 문제를 풀 때 기본적인 도형의 성질들을 이용한다. 반면 고1 내용에서는 좌표와 함수를 도입한다. 이를 '해석기하'라고 한다.

도형의 방정식 단원을 공부할 땐 논증기하와 해석기하 중 무엇이 더 중요할까? 답은 '둘 다 중요하다.'이다. 어떤 문제는 좌표 없이 푸는 게 빠르고, 어떤 문제는 함수와 좌표가 필요하다. 둘 다 혼합해서 사용하는 경우도 많다. 보통 답지에는 해석기하만을 이용한 풀이만 제시된다. 하지만 스스로 '기하로 푸는 방법'을 찾아보길 바란다. 그렇게 해야 실력이 늘게 된다.

수업 시간에 문제를 풀어주면 간혹 이런 질문을 하는 아이들이 있다.

"선생님, 저처럼 풀면 왜 틀리는지 알려주세요."

이 질문은 정말 베스트다. 공부할 자세가 되어 있는 학생인 것이다. 보통 이런 경우는 해답은 2가지로 나눌 수 있다. 아이의 풀이 방향도 맞지만 놓친 부분이 존재하는 경우가 있다. 그 부분만 잡아주면 답은 나온다. 또는 아이의 방향대로 풀면 매우 풀이가 복잡해지거나 심지어 불가능해지는 경우다. 이 경우는 그러한 풀이는 주어진 상황에서 쓰기엔 좋지 않다고 알려준다.

간단한 조합 문제 하나를 풀어보자. 구분할 수 없는 6개의 공을 똑같은 3개의 방에 빈방 없이 넣는 경우의 수를 구하라는 문제가 있다. 구하고자 하는 경우의 수는 6을 3개의 자연수의 합으로 표현하는 방법의 수와 같다. 직접 세보면 4+1+1, 3+2+1, 2+2+2이 가능하므로 답은 3가지이다.

그런데 이 문제를 다르게 푼 친구가 있었다. 방 3개를 다르다고 가정하고 푼 것이다. 방이 서로 다르다고 조건을 변경해주자. 3개의 방을 각각 A, B, C라 하고 들어가는 공의 개수를 각각 a, b, c라 하자. 그러면 '$a+b+c=6$, a, b, c는 1이상의 정수일 때 (a, b, c)의 개수를 구하는 문제'와 같아진다. 답은 ${}_3H_3$=10이다.

사실 방은 같았으므로 $\frac{10}{3!}=\frac{5}{3}$ 가지를 얻는다. 이것은 정수가 아닌 유리수다. 답이 틀린 것이다. 왜 틀렸을까?

이유는 간단하다. 공을 구분할 수 없기 때문이다. 공이 2개씩 들어간 경우는 한 가지이고 1로 나누어서 한 가지가 된다. 공이 1개, 2개, 3개씩 들어간 경우는 $3!$ 가지이고 $3!$ 으로 나누어줘야 한다. 공이 1개, 1개, 4개씩 들어간 경우는 3가지인데 이것은 3으로 나누어야 한다. 다 더하면 3가지이다.

만약 당신이 그 친구와 같이 실수를 했는데 답이 정수로 나왔다면 그냥 넘어갔을 것이다. 무조건 답지 풀이 대로 따라가지 말고, 자기 풀이가 틀리면 왜 틀렸는지 확인하고 넘어가야 한다. 그리고 그 풀이가 별로라면 과감히 버릴 줄 알아야 한다.

공부를 잘하는 아이들은 공부 습관이 잘 들어 있다고 한다. 한 번 풀었던 문제는 언제든 맞을 수 있도록 반복하는 습관을 들여야 한다. 그리고 문제를 풀 때 깊게 고민해봐야 한다. 5분 정도 고민하다가 답지를 보는 습관을 버리자. 최적화된 풀이만을 좇지 말고 자신만의 풀이를 만들어보

자. 간결한 풀이는 이후에 습득해도 늦지 않는다.

이 외에도 다양한 습관이 필요하다. 가급적 문제는 문제집보다 연습장에 푸는 것이 좋다. 그래야 깔끔하게 자신의 논리를 펼칠 수 있고 다양한 풀이를 시도할 수도 있다. 또한 문제집이 깨끗해지니 여러 번 보기에도 용이하다.

문제를 맞게 푼 것 같은데 답이 안 나올 때는 계산을 실수하거나 사소한 조건을 놓친 경우가 많다. 이때 무턱대고 답지를 보기보단, 깔끔하게 백지에 새로 풀어보는 것이 좋다. 1분 뒤 '아~ 여기서 실수했구나.'라고 하는 본인을 발견하게 될 것이다.

습관은 하루아침에 형성되는 것이 아니다. 지금 당장 안 좋은 습관을 버리자. 그리고 좋은 공부 습관들을 익히자. 관성이 생기면 실력은 자연스럽게 늘어날 것이다.

마법같이 수학이 쉬워지는 Q&A

백지 복습은 어떻게 하는 건가요?

(예비 고1 L학생)

학교나 학원, 인강에서 배운 부분을 백지에 정리하면 됩니다. 내가 그 내용들을 소화했는지 확인하기 위한 작업을 하는 것이지요. 백지에 수학 문제를 최대한 간결하게 적습니다. 그리고 밑에 풀이를 합니다. 이때 서술형이라 생각하고 써보면 좋습니다. 한 단계씩 나아가는 논리력을 기를 수 있죠. A4용지에 해도 되고 줄 없는 노트를 사서 해도 좋습니다. 종이가 아까우면 세로로 접어서 활용하세요. 주의해야 할 것은 배운 내용과 필기한 것을 눈으로 보기만 해선 절대 안 된다는 것입니다. 반드시 손으로 써봐야 합니다.

04

잊혀지지 않는 어머니의 한마디

/

"우리의 유일한 한계는 우리가 우리 마음에서 설정한 것들이다."
-나폴레온 힐(성공학 연구가)

스스로 한계를 정하지 말라

중간고사가 끝나면 아이들은 둘로 나뉜다. 자기 점수가 만족스러운 학생과 그렇지 않은 학생이다. 사실 1등급을 받지 못한 대부분의 학생은 점수에 만족하지 않는다. 그리고 슬퍼한다. 특히나 평소에 열심히 했던 학생이면 내가 더 아쉬움이 크다.

내가 내준 숙제도 다하고, 열정도 넘치던 아이가 계산 실수나 긴장 등으로 시험을 망치는 경우가 있다. 그럴 땐 마음이 많이 아프지만 티 내지 않고 격려하는 편이다. 우울해하는 아이들에게 항상 하는 말이 있다.

“기말고사 100점 받으면 되니까 너무 걱정 말아라!”

그럴 때 아이들이 항상 하는 말이 있다.

“그건 불가능해요. 그렇게 해본 적이 없거든요.”

중학교 3학년 때의 일이다. 나는 적당히 공부를 잘하는 학생이었다. 정확히는 전교에서 30등 정도였다. 평범한 중학교였고 전교생이 200명인 것을 감안하면 결코 잘한다고는 할 수 없는 성적이었다. 당시엔 등급제가 없었으나 요즘 기준으로 보면 2등급 밖이라고 보면 된다.

하루는 어머니와 성적에 관한 이야기를 했다. 중학교 졸업하기 전 높은 등수를 찍어보는 게 어떻겠냐고 말씀하셨다. 나는 불가능하다고 이야기했다. 당시 우리 학교에는 4명의 여학생이 1등부터 4등까지를 돌아가면서 차지했다. 모두 과학고 또는 외고를 준비하던 친구들이었다. 평균 점수가 80점대였던 나는 평균 99점을 받던 그 친구들을 신적인 존재라 생각했다.

불가능하다고 생각한 이유는 단 하나다. 한 번도 그렇게 해본 적이 없기 때문이다. 죽도록 공부해본 적도 없으면서 스스로 한계를 짓고 마는 것이다. 해도 안 될 것 같기 때문이다. 그 때 어머니가 한 말씀이 아직도 기억에 남는다.

“너는 왜 해보지도 않고 그런 생각을 하니? 스스로 한계를 정하지 마.”

이 말을 단순히 자식 사랑에 기인한 것이라고 생각했다. 자기 아들은 무조건 잘생겼고 잘났다고 생각하는 어머니의 마음 정도로 말이다. 그래서 큰 의미는 두지 않은 채 일단 공부를 시작해보았다.

어떻게 공부해야 할지 감이 안 와서 예습부터 했다. 다음 날 수업 때 배울 부분을 미리 읽어봤다. 이해가 안 되는 부분들은 체크해두고서 수업을 들었다. 집에 와선 문제집을 풀었다. 혼자서 봐도 이해 안 되는 부분들이 많았다.

예를 들어보자. 함수 x^2을 x축 방향으로 2만큼 이동하면 함수 $(x-2)^2$의 그래프와 모양이 일치한다. 그런데 '오른쪽'이라는 개념과 '마이너스'라는 개념이 왜 연결되는지 도무지 이해가 되지 않았다. 증명은 할 수 있으나 직관과는 반대되는 것들이 등장할 때마다 힘들었다. 학원을 안 다녔기에 물어볼 곳이 없었다. 그냥 결과를 외워버렸다.

그렇게 난생 처음으로 열심히 공부해봤다. 4대 천왕이라 불리던 여학생들을 이길 생각은 없었다. 100점을 받기 위해서 무엇을 해야 할지 고민해보았고 이것저것 실행했다. 놀랍게도 평균 97점이라는 점수를 받았고 전교 5등을 할 수 있었다. 국어 문제 중에 학교에서 제시한 답이 틀린 문제가 있었다. 나는 정답 처리를 받기 위해 교무실에 갔는데, 거기엔 전교 1등을 하던 아이가 이미 와 있었다. 그때 잘하는 친구들과 통했다는 생각이 들어 기뻤다.

나도 할 수 있다는 어머니의 말이 다시 떠올랐다. 그리고 한계를 정하지 말고 공부해야겠다는 생각이 이때 처음으로 들었다. 한 자리 전교 등수를 찍어봤다는 기쁨이 컸다. 또한 '이 정도로 하면 좋은 점수가 나오는구나.'라고 가늠할 수 있었기에 값진 경험이었다.

기말고사 때는 더 열심히 공부했다. 중간고사 때 점수가 아쉬웠던 과목들을 우선순위로 공부했다. 예를 들어 국어가 92점이었다면, 기말고사에서 100점을 받아 평균 96점을 받을 각오를 했다. 전 과목에서 어떻게 하면 100점을 받을지 고민하며 공부했다. 점수가 떨어질 것이라는 생각은 하지도 않았다. 그 결과 학기 평균 전교 2등을 할 수 있었다. 양성 피드백은 이때부터 시작되었다. 덕분에 고등학교에선 더 열심히 공부할 수 있게 되었다.

승리하고픈 열망에 사로잡혀라, 포기는 상상도 안 하게 될 것이다 그리고 승리할 것이다

'포기하면 그 순간이 시합 종료다.'

『슬램덩크』라는 유명한 농구 만화의 명대사 중 하나다. 주인공 팀이 지고 있을 때, 감독이 팀원을 격려하며 한 말이다. 너무나 공감되고 중요한 말이다. 포기를 하게 되면 그 순간부터 이길 가능성은 수학적으로 0이 된다. 포기를 하지 않으면 이길 가능성이 적당한 양수만큼 존재한다. 알다시피 양수는 0보다 크다!

사람들은 해보지도 않고 한계를 정한다. 과거에 자신이 이룬 업적을 바탕으로 스스로를 평가하기 때문이다. 본인의 최고 등수가 전교 10등이라면 그 위를 상상하는 것이 쉽지가 않다. 어찌 보면 당연한 일이다. 인간은 보이는 것을 믿는다. 보이지 않는 목표는 믿기 쉽지 않다. 하지만 뜻이 있는 곳에 길이 있다. 한계를 정하지 말고 목표를 높게 잡아야 한다. 그러면 저절로 길은 열리게 된다.

몇 년 전의 일이다. 영리한 편이었지만 숙제를 잘 안 하고 게임을 좋아하던 제자가 있었다. 중간고사 기간이 되었다. 그 친구는 시험 직전 새벽에 나한테 카카오톡으로 문제 질문을 했다. 신기하게도 그때 내가 풀어준 한 문제가 그대로 시험에 나왔다. 그러나 그 아이는 집중력이 약했는지, 계산 실수로 그 문제를 틀리고 말았다. 단답형 문제였기에 조금의 부분 점수도 없었다. 얼마나 억울하고 아쉬운 일인가! 그 외에도 계산 실수를 많이 하고 시간 관리를 못해서 60점대의 점수를 받았다.

객관식보다도 단답형 및 서술형이 많고, 난이도도 있는 시험에선 잘하는 아이들도 60에서 70점대 점수를 종종 받는다. 충분히 있을 법한 일이지만 그래도 안타까웠다. 기운이 없는 아이에게 나는 기말고사를 100점 받으면 된다고 위로했다.

문제의 원인이 명확했다. 공부의 양이 너무 적었다. 그리고 집중도도 약했다. 그래서 그 부분만 고치면 나아질 수 있을 거라는 확신이 있었다.

문자로 계속 숙제를 하라고 보챘다. 계산 실수가 많은 경우에는 양을 늘려서 경험치를 쌓아야 하기 때문이다.

아이의 노력과 별개로 내가 해야 할 것도 있었다. 수업 자료를 더욱 예리하게 만들었다. 시험이 어려울수록 강사의 역량이 더 중요하다. 뛰어난 강사일수록 '적중'이라는 것을 잘한다. 무엇을 풀려야 하고 무엇을 볼 필요가 없는지 구분해내야 한다. 그것은 학생이 아니라 강사의 몫이다.

그렇게 기말고사 미적분 시험을 보게 되었다. 결과는 어떠했을까? 그 학생은 놀랍게도 90점대의 점수를 받게 되었다. 시험 문제들이 어려웠던 점과 문제 유형들을 감안하면 굉장히 잘 본 시험이었다. 결국 그 학생은 그해에 모두가 가고 싶어 하는 명문대에 입학했다.

안 좋은 결과가 있을 땐, 얼른 털어버리고 앞으로 나아갈 생각을 해야 한다. 이때 중요한 것은 과거의 실패를 망각하면 안 된다는 것이다. 그렇다고 자책하면서 후회하는 태도는 더 미련한 짓이다. 무엇이 원인이었는지 정확히 파악하고 다시는 잘못을 반복하지 않으면 된다. 그리고 목표를 설정 후 그것을 향해 나아가면 된다. 안 될 거라는 생각을 버려야 한다.

축구 팬이라면 2018-2019시즌 '챔피언스리그' 4강전을 기억할 것이다. 리버풀은 바르셀로나를 만나서 1차전에서 패배한다. 심지어 0대 3으로 지고 만다. 그러나 2차전에서 리버풀은 바르셀로나를 4대 0으로 이겨버린다. 어느 누가 리버풀이 2차전에서 대승을 하고 결승에 올라갈 수 있다고 생각했을까? 그것도 세계 최강 바르셀로나를 상태로 4골을 더 넣고 말이다! 대부분의 사람은 불가능하다고 이야기했다. 나 또한 그랬다. 하지만 결국 리버풀은 결승에 올라가고, 우승까지 하게 된다.

경기 후 리버풀의 클롭 감독은 "우리는 축구에서 어떤 것이 가능한지 보여줬다."라고 했다. 리버풀이 승리할 수 있었던 비결은 승리하리란 믿음이 있었고 필요한 것을 하나하나 실행했기 때문이다.

남들에게 불가능하다고 평가받는 사람이 되지 말자. 데이터에 의존하지 말자. 스스로 목표를 높게 잡고 그것을 이루는 사람이 되어야 한다. 그리고 거꾸로 세상을 놀라게 하는 사람이 되어야 한다. 해보지도 않고 한계를 정하지 말자.

마법같이 수학이 쉬워지는 Q&A

답지는 어떻게 활용하나요?

(고2 상위권 P학생)

수학 문제를 풀면 답지를 반드시 봐야 합니다. 단, 문제가 막혔을 때 바로 보면 안 됩니다. 문제를 풀 때 힌트를 얻어가며 풀면 실력이 늘지 않아요. 문제가 맞았더라도 본인이 상위권이거나 그 이하면 해설을 가볍게 보는 게 좋습니다. 내가 논리적이지 않게 접근한 부분을 짚고 넘어가야 합니다. 또한 새로운 풀이가 없는지 확인해봐야 하죠. 좋은 것은 흡수하면 됩니다. 최상위권이면 대부분의 답지보다 본인이 잘 풉니다. 그래도 새로운 게 없는지 한 번 보는 게 좋습니다.

05

잘못된 공부법은 독이다

/

"방향이 잘못되면 속도는 무의미하다."
–마하트마 간디(인도의 정신적 · 정치적 지도자)

영어 독해법을 터득하다

성적이 좋지 않은 경우 해결책은 간단하다. 공부하는 양을 늘리면 된다. 사실 여러분은 공부를 많이 하지 않는다. 일단 양을 늘리면 많은 문제들이 저절로 해결된다. 하지만 시간과 돈을 쓰는 데도 성적이 좋지 않은 학생이 있다.

원인은 공부 방법이다. 잘못된 방법으로 공부했던 것이다. 생각보다 많은 학생들이 잘못된 방법으로 공부한다. 학교나 학원에서는 수업을 하기 바쁘기에 이런 부분까지 짚어주기 쉽지 않다. 똑같은 시간과 돈을 쓰더라도 잘 공부해야 하는 것이다.

나는 영어를 잘하지 못했다. 중학교를 졸업할 때까지 2형식 문장과 3형식 문장도 구분할 줄 몰랐다. 체계적으로 공부해본 적이 없기 때문이다. 고등학교 입학 전 혼자서 문법책을 정독했다. 그 결과 기초는 갖추게 되었다. 단어는 단어집 하나를 선정해서 열심히 외웠다. 문제는 독해였다.

단어의 뜻을 다 아는데 독해가 잘되지가 않았다. 특히나 'take'처럼 여러 가지의 뜻이 담겨 있는 단어가 나오면 해석이 안 됐다. 처음엔 문제집을 사서 1~2시간씩 풀었다. 그러면 답은 얼추 맞았다. 그러나 뭔가 실력이 늘지 않는 느낌이었다. 내 실력은 정해져 있고 그 실력 안에서 풀 수 있는 문제는 푼다는 생각이 들었다. 못 푸는 문제는 틀렸다. 독해력을 향상시키고 싶었다.

고1 때 일이다. 학교에서 상위권 학생들만 선별해 토요일마다 고려대학교에서 무료로 영어 수업을 들을 수 있게 되었다. 토익영어부터 신문기사 및 칼럼까지 다양한 주제를 공부했다. 그때 교수님이 하신 말씀이 아직도 기억에 남는다.

"문장을 해석할 때 수학 문제 풀듯 하지 마세요. 명사를 동사처럼, 동사를 명사처럼 해석할 줄 아셔야 합니다. 유연하게 해석하세요."

나는 영어도 수학처럼 공부했다. 단어사전에는 한국어로 뜻이 써 있다. 한국어 뜻과 영어단어 사이에 정확히 '일대일 대응'이 있다고 생각했다. 영어 단어 하나하나를 그대로 변역한 뒤 붙여서 읽었다. 그렇게 공부하니 해석이 잘 안 됐다. 자연스레 독해의 반대 과정인 작문도 엉망이었다.

교수님이 주시는 문제들은 답이 없었다. 해석본도 없었다. 모든 것을 스스로 해결해야 했다. 영어로 쓰인 칼럼은 영어 독해 지문과는 뭔가 달랐다. 지문도 더 길고 어려웠다. 전자사전을 열심히 검색하며 해석을 하기 시작했다. 단어 해석이 안 되면 그 단어가 쓰이는 다양한 사례를 다 찾아봤다. 간혹 숙어가 숙어인지 몰라서 해매는 경우도 있었다. 그래서 나만의 숙어사전도 따로 만들었다.

그렇게 독해력을 기르자 스스로 해설을 써보기로 했다. 해설은 '직역본'과 '의역본' 2가지를 버전을 썼다. 직역본은 영어를 그대로 번역한 것을 말한다. 한국인의 입장에서 어색한 글이지만 직독 직해를 연습하기 위해서 만들었다. 의역본은 한국말처럼 자연스럽게 읽히도록 다듬었다. 좋은 의역본을 만들기 위해 문장을 다듬고 다듬었다. 결국 쉽게 읽히는 해설집을 만들 수 있었다. 이렇게 공부하니 뭔가 실력이 느는 느낌이 들었다.

두 달 동안 그렇게 열심히 영어를 공부했다. 교수님들이 나누어주는 숙제가 굉장히 많았다. 모두 해서 가는 사람은 나를 포함해 1~2명뿐이었다. 이때 영어 실력이 대폭 향상되었다. 그리고 공부 습관도 잡혔다. 이후 영어공부는 적당히만 하면 점수가 잘 나오는 과목이 되었다. 그렇게 나는 학원을 안 다니고 영어를 잘하는 학생이 되었다.

수학을 이상하게 공부하는 사람이 너무나 많다

수학이야말로 공부법이 가장 중요한 과목이다. 많은 시간을 투자해도 실력이 제자리걸음일 수 있다. 실력이 늘지 않으면 흥미가 떨어지고 더 공부를 안 하게 된다. 악순환이 반복되는 것이다. 제대로 공부해서 실력을 향상시켜야 한다. 그렇게 보상을 받아야 앞으로 나아갈 수 있는 힘이 생긴다.

수학 공부를 잘하려면 지식과 지혜를 구분할 줄 알아야 한다. 과도한 선행 학습이 위험한 것이 여기에 있다. 지식의 습득을 지혜의 습득으로 착각하는 것이다.

보통 중학교 3학년이 되면 미적분을 미리 배운다. 빠르게는 초등학생이 미적분을 공부하는 것을 본 적도 있다. 그러한 학생들은 함수 x^2을 x로 미분하면 $2x$가 되는 것을 안다. 그리고 스스로 우쭐해한다. 하지만 이것은 미분에 대한 지식이 쌓인 것일 뿐 그 이상도 이하도 아니다. 미적분 개념을 스스로 유도하고 증명한 것이 아니다. 위대한 수학자들의 업적을 그냥 외운 것일 뿐이다. 당장 고등학교 1학년 심화문제를 갖다 주면 풀지 못한다. 이렇게 배운 미적분을 친구들에게 자랑해봤자 무슨 소용이란 말인가. 물론 아무것도 안 하는 것보단 지식이라도 쌓는 게 낫다.

과도한 공식 암기도 위험하다. 수학에서 공식이 나오면 반드시 증명해보는 습관을 들이는 것이 좋다. 증명을 하는 것은 굉장히 귀찮은 일이다. 그래서 많은 아이들이 이 과정을 무시한다. 대단히 위험한 일이다. 실제로 나도 고등학교 때 증명을 등한시했다. 학교 내신 시험에 증명이 많이 안 나왔기 때문이다. 수능에도 증명 문제는 빈칸 추론 정도로 나온다. 문제집의 연습문제를 풀 때도 증명 문제는 별로 없다. 그러다 보니 결과만 외우는 것이다.

시험에 직접적으로 나오지 않더라도 증명을 해보는 것은 중요하다. 그 과정에서 쓰이는 기법들도 터득할 수 있고, 기본 논리력이 탄탄해진다. 어떤 조건하에 어떤 공식이 사용되는지를 이해할 수 있게 된다. 조건이 변형돼서 공식이 사용될 수 없는 상황이 생길 경우 이에 대처할 수 있게 된다.

나는 고2 때부터 수학 문제를 열심히 증명했다. 내가 증명을 열심히 한 이유는 하나였다. 증명 없이 공식을 사용하면 찝찝하기 때문이었다. 기둥이 허술한 건물을 짓는 느낌이 들었다.

예를 들어 이항분포 $B(n,p)$의 평균을 생각해보자. 고등학생이라면 누구나 $E(X) = np$임을 안다. 증명은 조합식을 조작하거나, 베르누이 분포의 결합분포로 생각하거나, 미분을 이용한다. 나는 혼자서 미분 증명을 발명해냈다. 정확히는 '발견'이다. 알고 보니 다른 사람들도 많이 알고 있었기 때문이다. 나는 기분이 좋아서 노트에 이항분포의 기댓값 증명을 정리하고 뿌듯해했다. 이 증명 과정이 직접적으로 내신이나 수능에는 나오지 않았다. 하지만 증명을 하고 공식을 사용했기에 자신감이 붙었다. 수학에서 자신감은 너무나 중요하다. 나는 이것들을 다 알고 있다는 느낌이 들어야 한다. 그러면 실전에서 문제도 잘 풀 수 있다.

증명을 해보는 것보다 훨씬 더 중요한 것이 있다. 바로 정석적인 풀이를 익히는 것이다. 간혹 현란하고 간결한 풀이에만 집착하는 학생들이 있다. 이렇게 공부하는 학생들은 언뜻 보면 대단히 잘하는 것 같이 보인다. 하지만 지식만 많을 뿐 기본기는 하나도 없는 사람이 될 수가 있다.

예를 들어 '미분 가능한 함수 $f: R \to R$가 임의의 실수 x, y에 대하여 $f(x+y)=f(x)+f(y)$를 만족시킬 때 $f(x)$를 구하여라.'는 코시의 함수방정식 문제를 푼다고 하자. 정석풀이는 도함수의 정의를 이용한다.

우선 $x=y=0$을 대입하면 $f(0)=0$이다.

$$f'(x)=\lim_{h\to 0}\frac{f(x+h)-f(x)}{h}=\lim_{h\to 0}\frac{f(x)+f(h)-f(x)}{h}$$

$=\lim_{h\to 0}\frac{f(h)}{h}=f'(0)$이므로 $f(x)=f'(0)x$ $(\because f(0)=0)$이다.

여기서 편미분을 활용하여 푸는 아이들이 있다.

x를 고정하고 y로 미분하면 $f'(x+y)=f'(y)$이다. $y=0$을 대입

하면 $f'(x)=f'(0)$을 얻는다. 이것도 맞는 풀이다. 하지만 이러한 스킬은 실력이라기보단 지식의 확장에 가깝다. 모르는 것보다야 낫지만, 본질적인 것들을 먼저 챙겨야 한다. 이러한 아이들은 상황이 조금만 변형되어도 기술을 쓰지 못한다. 또한 서술형에 위와 같은 문제가 나오면 정석 풀이를 쓰지 못해서 감점을 당하게 된다.

다양한 기술은 기본기가 탄탄한 상태에서 배워나가야 한다. 유명한 스타 강사 삽자루 씨는 "화려하게 풀려다가 발린다."라고 말했다. 정석에 충실하게 공부하는 게 먼저다. 실력이 쌓이고 나서 정석적인 풀이에 염증이 느껴질 때 다양한 기술을 익히는 것이 좋다.

대부분 학생의 머리는 다 비슷하다. 타고난 영재는 영재학교에서도 극히 일부이다. 결국 모두 노력을 해야 한다는 것이다.

잘못된 노력은 의미가 없다. 오히려 '난 열심히 했는데도 왜 이 모양이지?'라는 생각이 들게 된다. 스스로 동력을 잃어버리는 것이다. 올바른 방법으로 공부하면 실력은 무조건 오른다. 수학은 그 시간이 다른 과목보다 오래 걸린다. 하지만 오른다!

나는 영어 공부를 잘못된 방법으로 했고 스스로 올바른 길을 터득했다. 만약 방법을 바꾸지 않았더라면 시간만 허비하고 실력도 제자리였을 것이다. 수학도 마찬가지이다. 툭하면 답지를 보던 습관은 고1 때 버렸다. 증명을 시작했고 기본기에 충실했다. 기본기를 다지니 실력이 점점 빠르게 늘어났다. 정석 풀이가 질려서 스킬을 찾게 되었고, 마침내 다양한 풀이를 구사할 수 있게 되었다.

잘못된 공부법은 독임을 명심해라. 독이 든 음식은 버려야 한다. 올바른 방법으로 공부해라. 그러면 실력이 향상됨을 눈으로 보게 될 것이다.

06

학원 숙제하느라 공부할 시간이 없다

/

"교육은 노후로 가는 여행을 위한 최상의 양식이다."
–아리스토텔레스(고대 그리스 철학자)

우연히 학원의 길에 들어서다

나는 학원에서 아이들을 가르친다. 어렸을 때부터 꿈이 학원 강사는 아니었다. 대학을 졸업할 때까지만 해도 학원에 대한 내 인식은 좋지가 않았다. 하고 싶은 일이 몇 가지 있었고 강사란 직업은 후보에 없었다.

부모님도 내가 사교육계에 들어가는 것을 썩 좋아하지 않으셨다. 차라리 대학원에 진학하여 교수가 되거나, 대기업에 가길 원하셨다. 혹은 교육대학원을 졸업해 학교 선생님이 되라고 하셨다. '사교육'에 대한 이미지가 좋지 않으셨던 모양이다.

처음에 시행착오도 많았지만 지금은 강사로서 잘 지내고 있다. 노하우도 많이 생겼다. 지금도 학원에 다니는 아이들을 보며 많은 생각을 한다. '저 아이들이 어떻게 하면 학원을 잘 다닐 수 있을까? 학원은 꼭 다녀야 하는 곳일까?'

내가 중학생 때 친구들은 종합학원이라는 곳에 다녔다. 1달에 40만 원 정도의 돈을 내고 전과목 수업을 듣는다. 1교시는 국어, 2교시는 수학… 마치 학교와 같은 것이다. '학교에서 배우는 것을 학원에서 왜 또 배울까?'라는 생각이 들었다.

부유한 가정에서 자라지 않는 나는 하루 용돈이 500원에서 1,000원 정도였다. 과자 한 번 사먹으면 그날 용돈은 다 쓰는 것이다. 그런 나에게 40만 원은 어마어마하게 큰돈이었다. 우리 반 35명 중 30명은 학원에 다녔다. 그런데도 그 30명이 다 나보다 시험을 잘 보는 것은 아니었다. '친구들은 왜 학원에 다닐까?'라고 생각했다.

고등학생 때도 학원에 대한 인식은 좋지 않았다. 학원을 다니는 대부분의 아이는 돈을 쓰고도 점수가 좋지 않았다. 나는 학원을 안 다니는 대신 죽을 듯이 공부했고, 그들보다 좋은 성적을 받았다. 그래서 갈 필요를 못 느꼈다.

인터넷 강의도 궁금해서 맛보기 강의를 들어봤다. 굉장히 쉬운 문제를 자세히 풀어서 설명하는 강사를 보게 되었다. 인터넷 강의는 수준이 낮다는 생각이 들었다. 그래서 안 듣게 되었다. 지금 생각해보면 강의를 굉장히 잘하시는 분이었다. 단지 그 강좌의 수강 대상이 중하위권이었을 뿐이다.

학원에 대한 시선이 마냥 부정적이지만은 않았다. 인터넷에서 '한석원' 선생님의 무료 강의를 본 적이 있다. 무심코 본 것이지만 개념 설명을 너무 잘해주셨다. 특히나 통계부분에서 개념이 잘 적립되지 않았는데 확실하게 이해가 되었다. 유명한 강사는 전달력부터 다르다는 생각이 들게 되었다.

뛰어난 인터넷 강사들을 보며 대단하다는 생각이 들었지만 사교육계로 들어가고 싶지는 않았다. 힘들게 대학에 입학했기에 다시 그 생활을 보고 싶지 않았기 때문이다. 또한 사교육은 국가의 적이라는 언론의 보도 때문에 내키지가 않았다. 결정적으로 내가 학원을 다녀본 적이 없기에 학원의 긍정적인 측면들을 몰랐다. 그래서 강사는 하고 싶지 않았다.

대학을 졸업하고 아일랜드에서 반년간 살았다. 외국어를 제대로 공부해보고 싶었기 때문이다. 또한 세상을 겪어보고 싶었다. 20대 후반의 나이였기에 직업에 대한 고민이 많았다. 내가 잘하는 것과 좋아하는 것이 무엇인지 많이 생각했다. 나는 남들에게 주목받기를 좋아한다. 그리고 내가 관심 있는 분야를 파고들고 분석하는 것을 좋아한다. 윗사람에게 얽매이는 것을 좋아하지 않는다. 그리고 내가 능력 있는 만큼 대우받고 싶었다. 마지막으로 수학을 좋아하는 편이었다.

결국 나는 학원계로 들어오게 되었다. 결정적인 계기는 같은 과 친구인 '류우성' 선생님의 소개였다. 그렇게 영재고 전문 학원에서 첫 강의를 시작하였다.

학원의 장점을 잘 활용하자

아이들이 평일에 학원에 오면 저녁 6시부터 10시까지 수업을 듣는다. 보통 55분 수업하고 5분을 쉰다. 주말엔 더 오랫동안 수업을 듣는다. 처음엔 혼자 공부할 시간이 없다는 것이 너무 의아했다.

어렸을 때부터 인터넷으로 각종 공부법을 검색했다. 그리고 '공부는 혼자 할 때 비로소 내 것이 된다.'라는 문장을 마음속에 간직하고 있었다. 그래서 내 눈에는 공부 시간이 없는 아이들이 이상해 보였다.

학원이 끝난 저녁 10시부터 새벽까지 공부를 할 수 있을까? 그날 학교와 학원에서 배움에만 장장 12시간 이상 쓴 아이들이다. 그것을 다 소화하려면 10시간 이상의 추가 시간이 필요하다. 게다가 수행평가도 있으니 공부할 시간이 없다.

질문에 대한 답은 시간이 지나면서 찾게 되었다. 아이들은 집이나 독서실에 가면 공부를 안 한다. 대부분의 아이는 혼자 공부할 줄 모른다. 그래서 학원에 오랜 시간 있게 하는 것이 부모 입장에서 나은 것이다.

즉, 혼자 공부하고 말고의 문제가 아니었던 것이다. '공부를 안 하느냐, 학원 수업이라도 듣게 하느냐'의 문제인 것이다.

그래서 학원에서는 4시간이라는 그 시간을 잘 활용해야 한다. 그 시간 동안 강사는 칠판식 수업만 하면 안 되는 것이다. 자습시간도 주고, 테스트도 봐야 한다. 소위 클리닉 시간이 필요한 것이다.

이 부분도 처음엔 받아들이기 힘들었다. '자습시간에 공부는 나 혼자 하는 것인데 왜 돈 주고 학원에 있어야 할까?'라는 생각이 들었다. '시험 또한 스스로 시간 재고 풀면 되지 않을까?' 생각했다.

이러한 것들은 시간이 지나며 납득이 되었다. 자습시간을 마련해서 공부를 시키는 강제성이 아이들에게 필요하다. 또한 선생님 혹은 조교가 상주해서 질문을 받아주는 것이 아이들에게 큰 도움이 된다. 모의시험도 반드시 봐야 한다. 실전과 같은 긴장감 속에서 말이다. 그리고 문제도 아무것이나 풀면 안 된다. 선생님이 상황에 맞게 엄선한 문제들을 푸는 것이다. 이는 노력과 시간이 많이 들어가는 작업이다. 학생 혼자서 하기 힘든 일이다.

공부를 잘하는 아이들도 학원의 도움을 받을 수 있다. 생각해보면 우리가 배우는 수학 내용들은 위대한 수학자들이 인생을 바쳐 만든 결과물들이다. 그런 것들을 오로지 혼자만의 힘으로 공부를 하는 것은 쉽지가 않다. 어느 정도 이해는 할 수 있지만 100% 받아들이고 응용까지 하려면 고수의 도움이 필요하다. 예를 들면 통계 단원은 교과서를 백 날 봐도 그 의미를 파악하기 어렵다. 그래서 고수의 개념 설명이 학생들에게 도움이 된다.

스타 강사들의 강의를 보면서 이러한 생각이 더 굳어졌다. 좋은 강사는 내용을 새롭게 가공해서 전달한다. 학생들은 가공된 내용뿐 아니라 강사에게 매력을 느끼고 더 열심히 공부할 수 있다.

또한 시험을 잘 보려면 문제를 선별해서 풀어봐야 한다. 수능 시험을 잘 보려면 수능 대비 자료를 풀어야 한다. 기출문제들을 다 푸는 데는 오래 걸리지 않는다. 새로운 문제가 필요하다. 이때 강사가 돈을 들여 만든 좋은 사설 문제집으로 공부하는 것이다.

시험이 어려운 학교일수록 학원의 도움을 받을 수 있다. 특정 학교의 스타일을 파악하고 관련 문제, 예상문제를 풀어야 한다. 이러한 것들은 학생 혼자하기 너무나 버겁다. 자료와 수학 지식이 풍부한 강사만이 도와줄 수 있다. 이처럼 학원은 공부를 잘하는 학생들에게도 꽤나 큰 도움을 줄 수 있다.

학원은 본인의 성향에 맞게 잘 다녀야 한다. 자제력이 부족하고 혼자 공부를 못한다면 오랜 시간 학원에 있는 것이 낫다. 혼자 공부를 잘한다면 꼭 필요한 단과 강의만 들으면 된다. 인터넷 강의도 좋다. 요즘은 정보가 너무나 발달했다. 정보를 얻은 자와 그렇지 못한 자의 차이가 벌어지고 있다. 학원은 정보가 넘쳐나는 곳이다. 학원을 잘 이용할 줄 알아야 한다.

한 학부모님과의 상담이 기억에 남는다. 그분은 수학 학원 숙제가 너무 많아서 아이가 공부할 시간이 없다고 이야기했다. 그래서 숙제를 줄여달라고 하셨다. 숙제는 자기 공부를 하라고 내주는 것이다. 어머니는 공부에 대해 오해를 하고 계셨던 것이다. 학원 시스템을 정확히 이해하고 소화해내야 한다.

내가 만약 요즘 고등학생이었다면 학원에 다녔을 것이다. 그만큼 아는 것이 중요한 시대이다. 단 무리한 사교육보단 본인에게 필요한 것만 잘 들어야 할 것이다. 학원을 다닌다면 자신이 그 내용을 다 소화할 여력이 있는지 꼭 점검해야 한다. 칼로리를 과잉 섭취하면 지방이 돼서 살만 찔 뿐이다. 학원을 '잘' 다녀서 원하는 성과를 얻길 바란다.

07

수학 시험 전날 불안한 이유

/

"모든 일 중에서 가장 어려운 것은 꾸준히 하는 것이다."
–박찬호(대한민국 야구 선수)

수학은 헬스다

수학 시험 전날 기분이 어땠는지 기억이 나는가? 할 것이 산더미처럼 많아서 초조했는가? 수학을 잘해서 자신감이 넘쳤는가? 수학을 잘하든 못하든 수학 시험 전날에는 긴장이 되기 마련이다. 긴장을 안 하는 경우는 둘 중 하나이다. 너무 뛰어나거나 시험을 포기했거나.

보통 수학 내신시험은 역사나 사회, 기타 암기과목과 함께 시험을 본다. 공부법에 정답이란 없지만 시험 전날에는 암기과목에 시간 투자를 더 많이 하는 것이 낫다. 암기과목에 투자하는 시간에 비해 점수가 크게 오르기 때문이다. 반면 수학은 그렇지가 않다. 하루아침에 완성되는 과목이 아니기 때문이다. 벼락치기가 불가능하다. 평소에 미리 해야 한다.

나에겐 시험 전날 대략 10시간의 공부 시간이 주어졌다. 6시간은 타 과목을 공부했고 4시간만 수학에 투자했다. 수학공부는 교과서 정독으로 시작했다. 시험 기간에 다른 과목들을 많이 봤을 터이니 수학에 대한 감을 다시 잡기 위해서였다. 교과서 문제를 쭉 풀고 대단원 평가까지 꼼꼼히 풀었다. 교과서 문제는 쉬우니 금방 풀 수 있었다. 이후 왠지 시험에 나올 것 같은 주제와 내가 약한 주제를 정해서 공부했다.

다른 과목은 공부를 하면 실력이 많이 는다는 느낌이 왔다. 하지만 시험 전날 수학 공부를 하면 시간이 너무 빨리 갔다. 그냥 훑어봤다는 느낌만 들었다. 실력의 향상이 크게 이루어진다는 느낌은 단 한 번도 받은 적이 없다. 그래서 불안했다. 수학 공부는 끝이 없단 생각이 들었다. 늘 그렇게 불안한 마음을 가지고 시험을 봤다. 다행히 좋은 점수를 얻었다.

수학을 평소에 공부해야 하는 이유는 너무나 많다. 나는 수학 공부를 항상 헬스에 비유한다. 아이들에게 뇌에도 근육이 있다고 이야기한다. 역기를 드는 운동을 할 때 평소 아무런 운동도 하지 않은 사람이 갑자기 100kg짜리 역기를 들면 어떻게 될까? 들지 못할뿐더러 무리하면 크게 다치게 된다. 근육 운동은 가벼운 것부터 시작해야 한다. 그리고 오랫동안 해야 한다. 그래야 몸이 적응을 하고 점차 근육이 붙으며 강해진다.

수학도 마찬가지이다. 처음부터 어려운 문제를 풀라고 하면 풀 수가 없다. 개념을 적용하는 훈련이 덜 되어 있기 때문이다. 우리는 가우스나 오일러가 아니다. 훈련이 되어야 시험을 잘 볼 수 있다. 숙제를 열심히 하면 저절로 훈련이 된다. 독자들은 숙제를 목숨 걸고 하길 바란다.

수학 시험을 잘 보려면 평소에 어려운 문제들을 풀어본 경험이 있어야 한다. 수학은 암기과목이 아니다. 내가 시험장에서 문제를 풀어야 한다. 시험이 너무 쉽게 나오면 적당히 공부하면 된다. 하지만 시험은 상대평가다. 변별력을 기르기 위한 장치가 마련되어 있다.

수능과 같은 시험은 21번, 29번, 30번 같은 소위 '킬러 문항'을 배치하여 변별력을 기른다. 때로는 킬러 문항의 수는 적게 내고 준 킬러 문제의 양을 늘려서 난이도 조절을 한다.

내신 시험도 마찬가지이다. 아주 어려운 문항을 섞거나 전체적으로 어렵게 내서 1등급을 변별한다. 간혹 시험은 쉽지만 서술형 채점을 야박하게 해서 점수 조절을 하는 학교도 있다. 그런 경우에는 서술형 대비 공부를 따로 해야 한다.

모르는 문제를 가지고 얼마나 고민하는가? 고민해야 하는 시간에 정답은 없다. 조금의 고민도 없이 답지를 본다면 실력은 늘지 않는다. 반대로 문제마다 1~2시간씩 고민하기엔 시간이 너무 없다. 적절한 타협이 필요하다.

개념과 관련된 문제가 안 풀릴 때는 빨리 답지를 보는 게 낫다. 예를 들면 『수학의 정석』의 '보기' 문제라든가, 『쎈 수학』에서 'A스텝' 같은 문제들이 이에 해당한다. 이러한 문제들을 못 푼다는 것은 아직 개념이 전혀 잡혀 있지 않다는 것이다. 개념을 다시 읽거나 답지를 보는 게 낫다.

그렇다면 답지는 어떻게 활용해야 할까? 나는 고1 때만 해도 문제가 조금만 어려우면 답지를 봤다. 그리고 이런 생각을 했다. '아. 이렇게 하는 거구나. 이 정도 풀이는 나도 할 수 있겠다. 나는 이 문제를 맞은 거나 다름없어.'

정말로 바보 같은 생각이다. 이렇게 수학 공부를 하면 절대로 실력이 늘지 않는다. 풀 수도 있는 문제였다면 왜 풀지 못했는지 생각해야 한다. 스스로 엄격해져야 한다.

더 어려운 문제들을 풀 때는 답지를 안 보고 고민을 많이 해봐야 한다. 공부를 잘했던 사람들에게 물어보면 한 문제를 며칠씩 고민해본 경험이 다 있다. 실력은 그러한 순간에 쌓인다.

어려운 문제를 푸는 것은 무거운 역기를 드는 것과도 같다. 내가 힘을 길러야 한다. 답지를 보는 행동은 옆에서 역기를 누가 같이 들어주는 것과 같다. 그리고 자기가 들었다고 좋아하는 것과 마찬가지이다. 시험장에선 아무도 도와주지 않는다. 답지를 최대한 늦게 보고 많은 고민을 해보자. 그렇게 공부하기 위해 충분한 시간 확보는 필수다.

문제를 풀면 답지는 보는 것이 좋다. 답지는 여러 용도로 활용할 수 있다. 첫째로 내 답은 맞았더라도 풀이 과정이 논리적이지 않는 경우다. 이런 경우 답지의 흐름을 보며 내 부족한 논리를 메워야 한다. 답만 맞추는 습관을 들이면 조건이 바뀌는 응용문제나 서술형에서 고전하게 된다.

또한 다른 풀이가 있는지 보는 것이 좋다. 간혹 내가 생각지도 못한 창의적인 풀이가 답지에 있다. 그런 경우엔 그것을 흡수해서 내 실력으로 만들어야 한다.

답지는 보통 교육과정 내용에 충실하게 서술되어 있다. 그래서 최적화되어 있지 않다. 실력이 어느 정도 붙으면 답지보다 더 간결한 풀이로 풀 수 있게 된다. 최상위권이 목표면 대부분의 문제를 답지보다 더 잘 풀 수 있어야 한다.

방학부터 내신 시험까지

수학 시험 전날 불안하지 않기 위해선 방학을 잘 이용해야 한다. 방학은 시간이 많으므로 기초부터 심화까지 다 볼 수 있다. 방학 안에 개념이 끝나야 한다. 개학을 하면 이러저러한 일들로 너무 바쁘고 정신이 없기 때문이다. 미적분 시험을 한 달 앞두고 '미적분의 기본 정리가 뭐였지? 함수의 극한과 연속의 차이는 뭐지?' 등의 질문이 있어서는 안 된다. 물론 개념은 시험 전날까지 복습해야 하고 확인해야 한다. 하지만 개념에 관한 충분한 고민이 이미 이루어져 있어야 한다. 또한 그 원리에 대한 납득까지도 이미 끝나 있어야 한다.

개념만 잡아서는 상위권에 도달할 수 없다. 어려운 문제를 풀어봐야 한다. 그리고 다양한 문제를 풀어봐야 한다. 모든 유형을 숙지하는 것은 기본이다. 내가 모르면 남도 몰라야 한다. 처음 보는 유형의 문제가 나왔을 경우, 그 자리에서 풀어내겠다는 각오로 풀면 된다. 이때 필요한 건 자신감이다. 자신감은 절대 스스로 생기지 않는다. 내가 만들어놓은 결과에 의해 생기는 것이다. 평소에 어려운 문제를 많이 풀어보고 고민해보고 해결까지 해봐야 한다.

개학을 한 뒤에는 학교 내신 시험에 필요한 문제 위주로만 공부한다. 상황에 따라선 내신 기간 한 달 전부터 해도 된다. 내신 성적을 잘 받아서 대학에 가고 싶다면 선행은 중단해야 한다. 가장 답답한 것이, 내신을 챙기려고 하면서 시험 3주 전까지 선행 공부를 하는 학생들이다. 그런 학생과 학원을 본 적이 있다. 무엇을 위한 선행인지 고민해야 한다.

자기 학교 내신 스타일도 분석해야 한다. 학교별 맞춤식으로 공부해야 하는 것이다. 강남 일부 학교는 최신 모의고사 및 수능 문제까지 다 봐야 한다. 11월에 시행된 고3 수능 문제가 12월에 시행되는 고2 기말고사에 나오는 학교들도 많다. 만약 서술형 비중이 높으면 서술형 대비를 본격적으로 해야 한다.

이렇게 공부해야 시험 기간에 수학이 여유로워지고 다른 과목을 볼 수가 있다.

아직도 고등학교 수학 내용을 보면 끝이 없다는 생각이 든다. 파고들고 고민하면 새로운 유형, 새로운 스킬들이 쏟아져 나온다. 천재가 아닌 이상은 시험 전날 불안한 것은 당연한 것이다.

공부를 잘하는 학생이라면 불안함과 자신감이 교차하게 된다. 막연하게 불안한 것과는 전혀 다르다. 자신을 믿으면서도 긴장을 늦추지 않는 것이다. 시험 전날 이러한 자신감을 얻으려면 평소 얼마나 공부했는지가 중요하다. 특히나 수학은 실력이 쌓이기까지 가장 오랜 시간이 걸리는 과목이다.

지금 시간을 소중히 여기자. 시험 전날의 불안했던 감정을 떠올리면 공부가 잘될 수밖에 없다. 그날의 불안함을 n등분해서 오늘 나누어 갖겠다는 마음을 갖자. 더 이상 시험 전날 마음고생 하지 않을 것이다.

마법같이 수학이 쉬워지는 Q&A

어려운 문제가 안 풀리는데 어떻게 하죠?

(실력이 늘기 직전 단계에 있는 대부분의 고1~2학생)

이러한 질문은 '저는 수학 실력이 부족한데 어쩌죠?'라는 질문과 동치입니다. 어려우니까 안 풀리는 거죠. 결국 수학 실력을 올리고 싶다는 질문과도 같습니다. 수학 실력을 올리려면 기본기가 탄탄한 상태에서 어려운 문제들을 고민해야 합니다. 쉬운 문제는 1만 문제를 풀어도 어려운 문제 하나를 풀 수 없습니다. 어려운 문제를 풀어봐야지만 풀 수 있습니다. 그래서 한 문제를 깊게 고민하고 도전하는 습관을 들여야 합니다. 뇌에도 근육이 있다고 생각하고 오랫동안 단련시키세요. 인내심을 갖고 몇 개월 이상 투자해야 합니다.

CLASS
2

'어떻게'가 아닌 '왜' 공부하는지를 생각하라

01

가족과 함께 간 대학교 탐방

/

"좋은 일을 생각하면 좋은 일이 생긴다. 나쁜 일을 생각하면 나쁜 일이 생긴다."
—조셉 머피(신성 과학의 성직자, 작가)

엄격한 아버지

부모님은 경희대학교 캠퍼스 커플이셨다. 기독교 동아리에서 처음 만나 결혼에 골인하셨다. 이 사실은 2가지를 의미한다. 첫째로 아버지는 기독교인이라는 것, 둘째로 서울대 출신이 아니라는 것.

아버지는 독실한 기독교인이다. 그 색깔이 매우 강하다. 그래서 우리 가족은 어딜 가나 예배를 드렸다. 백두산 천지에서도, 북한산 정상에서도, 광안리 해수욕장에서도 야외에 서서 기도했다. 나는 기도하는 것을 좋아하지 않았다. 사람들이 쳐다보면 쪽팔렸기 때문이다. 그리고 사실은 지금도 좋아하지 않는다. 하지만 돌아보면 그 당시의 간절한 마음이 큰 도움이 됐던 것 같다.

기도 내용은 보통 가족이 건강하게 잘 살도록 도와달라는 것이었다. 그 외에도 나와 내 동생이 점수를 잘 받게 해달라고 기도했다. 어찌 보면 기복신앙이다. 나는 기복신앙을 좋아하지 않았다. 하지만 모순적으로 내가 힘들 때마다 하나님을 찾았던 것 같다. 고등학교 때 그랬고, 군대에서 그랬다. 아일랜드에서 혼자 살면서 현지인들이 다니는 교회에 다니기도 했다. 기복신앙이면 어떠한가. 기도를 하며 목표를 굳건히 할 수 있다. 그리고 목표를 이루어 사람들에게 선한 영향력을 끼치면 된다.

아버지가 서울대를 안 나오셨다는 것은 무엇을 의미할까? 서울대학교를 안 나와도 행복하게 살 수 있다. 하지만 아버지는 자격지심을 심하게 가지고 계셨다. 본인은 공부를 잘했지만 등록금이 없어서 전액 장학금을 주는 경희대학교에 갔다고 하셨다. 물론 경희대학교도 충분히 좋은 학교다. 하지만 아버지는 내가 서울대에 가길 바랐다.

아버지는 사회생활에서 SKY를 나오지 않았다는 것만으로 차별을 많이 당하셨다고 한다. 분명 우리 사회는 학벌이 좋은 사람을 다르게 평가한다. 좋은 학벌을 얻는 것이 쉽지 않기 때문이다. 그렇다고 학벌로만 사람을 평가해서는 안 된다. 어찌 보면 학벌이란 10대를 어떻게 살았는가를 보여주는 증명서일 뿐이다. 20대와 30대에 충분히 역전할 수 있다.

아버지는 고등학교 영어 선생님이셨다. 중학생이 되었을 때, 아버지에게 영어를 몇 번 물어본 적이 있다. 아버지는 나에 대한 기대가 높으셔서 나를 혼내셨다. 이렇게 쉬운 거를 아직도 모르냐면서 말이다. 한 번도 내 공부에 관여하지 않았던 아버지다. 내가 혼자서 잘하겠거니 하고 계셨나 보다. 그러다 실상을 파악하고 화가 많이 나신 것 같았다. 그때부터 나는 대학에 입학할 때까지 단 한 번도 영어 질문을 한 적이 없다.

시험을 못 봤을 때도 많이 혼났다. 시험이 있는 날이면 저녁에 그날 몇 개를 틀렸는지 보고를 했다. 만약 2개 이상 틀리면 많이 혼났다. 여러분이 상상하는 것 이상으로 화를 내셨다. 그리고 성적이 좋은 친구들과 비교를 당했다.

반대로 어머니는 자상하셨다. 항상 별 말씀을 안 하셨다. 게임을 해도 잔소리를 안 하셨다. 오히려 저녁을 먹기 좋게 쟁반에 차려주셨다. 덕분에 게임을 하며 모니터 앞에서 밥을 먹을 수 있었다. 부모님의 성격이 극과 극이었던 것이다. 나는 그런 가정에서 자랐다.

아버지에게 혼나며 상처를 많이 받았다. 하지만 흔들리지 않고 나의 동력으로 삼았다. 목표가 공부를 잘하는 것이었기에 견딜 수 있었던 것 같다. 만약 내가 왜 공부를 해야 하는지 몰랐다면 어땠을까? 혼날 때마다 반항심만 커졌을 것이다. 그리고 대들었을 것이다. 하지만 모든 것은 시험을 못 본 내 잘못이라고 생각했다. 그래서 더 열심히 했다. 나 같은 성격의 경우에는 채찍질이 도움이 된다. 하지만 마음이 여리다면 독이 될 수 있다. 나는 독한 면이 있기에 버틸 수 있었을 뿐이다.

서울대학교에 가보다

초등학교 때 처음 서울대학교를 가봤다. 찬바람이 부는 추운 겨울이었다. 국내 최고의 대학이라 불린 곳이라 기대를 했다. 하지만 앙상한 나뭇가지들과 넓고 휑한 교내 풍경은 뭔가 을씨년스러웠다. 낯설게 느껴졌다고 하는 게 정확할 것이다.

301동 공과대학에 갔다. 공과대학이 뭐하는 곳인지도 모르던 때였다. 우리 가족은 평소처럼 서서 기도를 했다. 다행히 사람이 별로 없었다. 그래서 눈치 보이지 않았다. 조국 통일과 민족의 번영을 위해 기도했다. 그리고 두 자식이 잘되길 기도했다. 가족이 평화롭길 기도했다. 그리고 녹두 거리로 가서 자장면을 먹고 집으로 왔다.

그렇게 그해에만 8번을 서울대학교에 갔다 왔다. 서울대학교가 뭔지도 몰랐지만 막연하게 가고 싶다는 생각이 들었다. 내 머릿속에 각인이 되고 세뇌가 된 것이다.

어느덧 시간이 흘러 고3이 되었다. 당시에는 1차 수시라는 개념이 있었다. 오늘날의 학생부 종합 전형 같은 것이다. 3학년 1학기에 대학에 원서를 낸다. 서류가 통과하면 면접을 본다. 통과하면 대학생이 된다. 3학년 2학기를 다닐 필요도 없고 수능을 볼 필요도 없다. 최저등급도 없다. 그런데 서울대학교는 1차 수시가 없었다.

나는 성적이 좋았기에 막연히 의대에 가고 싶었다. 의대에 가고 싶은 이유는 단순했다. 멋있어 보였기 때문이다. 의사라는 직업이 정확히 무엇을 하는지 몰랐다. 어떤 소명의식을 가져야 하는지도 몰랐다. 당시 이과 상위권 학생이면 의대를 많이 갔다.

1차 수시로 가톨릭 의대 한 군데만 지원했다. 당시 나는 교내 활동과 관련해서 학생부가 좋은 편이었다. 하지만 외부활동이 전혀 없었다. 입시를 잘 몰랐다. 그래서 그냥 무식하게 학교 공부와 수능공부만 열심히 했던 것이다. 보기 좋게 1차 수시에 떨어졌다. 그냥 '내 길이 아니구나.' 하고 지나갔다. 별로 슬프지는 않았다.

하지만 친구들이 하나둘씩 대학에 가는 것을 보며 조바심이 났다. 대학이라는 것이 나에겐 현실이 아니었다. '나 같은 사람이 대학에나 갈 수 있을까?'라는 생각도 많이 했다. 내가 공부하는 내용들을 보며, '이걸 배워서 세상에 적용할 수 있을까?'라는 생각이 많이 들었다. 친구들은 1차 수시에 합격해서 대학생이 되었다. 나는 아직 '결과'를 받지 않은 상태다. 확률적으로 어느 대학도 못 갈 수 있는 것이었다.

그렇게 2학기가 흘렀고 수능을 봤다. 당초 의대에 가는 게 꿈이었던 나는 과감히 진로를 변경했다. 왠지 모르게 수학과에 가고 싶었다. 미래에 의사는 로봇이 대체한다는 이야기도 괜히 솔깃했다. 그게 아니더라도 의대의 가치를 잘 몰랐다. 수학을 잘하면 세상 모든 것에 응용할 수 있을 것만 같은 기분이 들었다. 그래서 수학과에 지원했다. 다시 태어나면 의대에 지원했지 않았을까 종종 생각해본다. 그 정도로 요즘 의대에 가는 것이 열풍이다.

나는 원서를 서울대학교 한 군데에만 냈다. 담임선생님은 나한테 뭐라고 하셨다. 떨어질 것을 대비하여 다른 대학에도 원서를 써야 하지 않겠냐고 하셨다. 하지만 나는 서울대학교에 붙지 않는다면 재수를 할 생각이었다. 그 정도로 서울대에 가고 싶었다. 아버지에게 세뇌당했다는 게 맞는 표현일 수도 있겠다. 아버지처럼 평생 아쉬워하면서 살고 싶지 않았다. 다른 훌륭한 대학도 많다. 단지 내가 유난히 서울대에 가고 싶었을 뿐이다. 그리고 합격을 했다.

공부를 잘하기 위해선 목표가 있어야 한다. 너무나 당연한 말이고 모두가 이 사실을 안다. 하지만 그 목표를 세우기 위해서 노력을 하는 사람은 별로 없다. 스스로에게 자극을 주어야 한다.

원하는 대학이 있다면 직접 가보는 것이 큰 도움이 된다. 엄한 아버지 밑에서 자라며 본의 아니게 서울대를 탐방했다. 초등학교 때만 10번을 넘게 갔다. 당시에 나는 아무 생각이 없었다. 하지만 내 마음속에는 서울대가 소리 없이 자리 잡았다.

꼭 가고 싶은 대학이 있는가? 시간을 내서 당장 가보길 추천한다. 기념품점에서 학교 로고가 새겨진 물품을 구입해라. 아무나 붙잡고 커피 한

잔 대접하며 물어보아라. 어떻게 공부하고 무엇을 준비해야 하는지를. 장담하건대 모두 친절하게 대답해줄 것이다.

가고 싶은 대학은 꼭 가봐야 한다. 여러 번 가보면 더 좋다. 그럼 꿈은 현실이 된다. 당신은 언젠가 그곳으로 매일매일 등교하는 사람이 될 것이다.

02

공부를 안 하면 후회할 자격도 없다

/

"지금부터 1년 후, 당신은 오늘 시작할 걸 그랬다고 후회할지도 모른다."
–카렌 램(작가)

후회하는 것은 아무 의미 없다

"아, 1번으로 찍을걸."

국어 시험을 보다가 객관식 문항에서 헷갈리는 문제가 있었다. 다른 모든 문제는 다 풀었고 시험 시간은 10분 남은 상태다. 보기 1번과 3번이 둘 다 정답 같았다. 깊은 고민 끝에 3번으로 마킹을 했고 보기 좋게 틀리고 말았다. 나는 시험이 끝나고 후회를 했다. '그냥 1번으로 찍을걸.' 하고 말이다.

많은 사람이 후회를 한다. 간혹 잘못된 선택으로 인해 인생이 뒤바뀌기도 한다. 그런 일들은 참으로 안타깝다. 하지만 사건은 확률적으로 발생한다. 그러한 실수까지 예상 가능한 변수인 경우가 훨씬 많다. 실수도 실력이란 말이 괜히 있는 것이 아니다. 그럼에도 우리는 왜 후회를 할까?

책 쓰기 컨설팅의 대가 '한국책쓰기협회' 김태광 대표는 자기만의 코칭 방식으로 크게 성공했다. 그는 성공의 비결 중 하나로 과거 이야기를 많이 하는 사람을 피했다고 한다. 100번 동감한다. 성공을 하기 위해선 성공의 기운이 있는 사람을 만나야 한다. 그런 사람들은 앞만 보고 나아간다. 반면 과거에 미련을 버리지 못하는 사람들이 있다. 그런 사람들은 과거의 영광에만 얽매인 채로 발전하지 않는다.

"다시 고등학교 때로 돌아가면 공부를 더 열심히 했을 텐데."

이렇게 말하는 사람들을 많이 봤다. 과연 과거로 돌아가면 더 열심히 할까? 만약 지금의 기억을 가져간다면 가능할지도 모른다. 하지만 그러한 가정은 의미가 없다. 다시 돌아가도 별반 다르지 않을 것이다.

쉽게 생각해보자. 10년, 20년 후의 당신이 지금의 당신을 바라보면 어떤 생각을 할까? 만족스러운 부분도 있지만 후회하는 부분도 있을 것이다. 우리는 지금 이 순간 무엇을 하면 좋은지 다 알고 있다. 10대라면 공부를 열심히 해서 명문대를 가면 좋다는 것, 20대라면 스펙을 많이 쌓고 다양한 경험도 해보는 것, 30대라면 직장을 열심히 다니고 운동도 꾸준히 하는 것, 배우자를 만나는 것 등등. 물론 인생에 정답이란 없다. 보편적인 의견일 뿐이다. 하지만 당신이 판단했을 때 '지금 하면 좋은 것들'은 존재한다. 그렇다면 지금 당신은 정답대로 살고 있는가?

나는 일이 닥쳐야 하는 스타일이다. 공부도 마찬가지였다. 시험이 다가와야 공부할 맛이 났다. 시험기간이 아닌데도 열심히 공부한 것은 고2 때부터였다.

중간고사 때였다. 평소에 게으름을 부렸더니 공부할 것이 산더미처럼 쌓여 있었다. 이전에 1등을 해봤기에 어느 정도 공부해야 1등을 할 수 있을지 감이 있었다. 1등을 하기에는 공부 양이 턱없이 부족했다. 평소에 게을렀던 내가 밉고 싫었다. 한 달 전으로만 돌아갈 수 있다면 얼마나 좋을까 생각했다. 주말에 영화 보던 시간에 영어 단어를 더 외웠을 것이다. 잠은 30분씩 덜 잤을 것이다. 쉬는 시간마다 수학 문제를 풀었을 것이다. 그렇게 후회하며 울면서 공부했다. 스스로가 미워서 그만두고 싶기도 했다. 목표 지향적이며 의지가 강한 사람들이 목표를 이루지 못하면 큰 스트레스를 받는다. 내가 그런 타입이었다. 고통 없이 나라는 존재가 사라졌으면 좋겠다고 생각했었다.

시험 전날엔 한 달도 필요 없었다. 그냥 딱 하루만 더 있으면 시험을 훨씬 더 잘 볼 것 같았다. 평소에 그렇게 흘려보내던 하루라는 시간이 시험기간엔 너무나 소중해진 것이다.

그렇게 시험이 지나갔다. 일상은 다시 평화로워졌다. 다급했던 나는 사라졌다. 한 번은 금요일이 개교기념일이라 학교에 안 간 날이 있었다. 주말까지 껴서 3일간의 자유시간이 생겼다. 나는 학원에 다니지 않았다. 그래서 아무 일정도 없는 3일이 생긴 것이다.

시험기간에 울부짖던 내 모습은 어디에도 없었다. 3일간의 공부계획을 세웠지만 처음 2일은 그냥 놀기만 했다. 잘 논 것도 아니다. 영화 조금 보고, 인터넷 서핑 좀 하고, 강아지랑 놀고…. 결국 이틀이나 날린 나는 3일째 되는 날 정신 차리고 공부했다. 분명 나는 쉬는 첫날 '시험기간의 나'를 떠올렸다. 하지만 '오늘 놀아도 남은 2일을 시험기간 때처럼 집중해서 공부하면 되겠지.'라는 멍청한 생각을 했고 짧은 연휴 기간을 망쳐버리고 말았다.

지금부터라도 후회하지 않을 삶을 살자

이토록 후회하는 것은 의미가 없다. 어차피 그 순간이 되면 똑같은 일을 반복할 뿐이다. 사람은 같은 실수를 반복한다는 말이 있다. 과거에 미련이 생긴다면 지금 이 순간을 생각해보아라. 지금 여러분이 사는 인생에 대해 미래에 후회하지 않을 자신이 있는가? 시험을 보면 많은 아이들이 후회를 한다. 특정 문제가 시험에 나온 경우에는 더더욱 그렇다. 수학 시험을 보면 가장 많이 하는 말이 있다. '아, 그 문제 풀어보려다 말았는데 시험에 나왔어요. 너무 아쉽고 후회되네요.'

이것은 의미 없는 말이다. 우리는 시험 문제를 정확히 예측하기 어렵다. 그래서 나름의 분석을 통해 예상 문제들을 고르고 우선순위를 정하고 그에 충실하게 공부할 뿐이다. 하지만 그 예상이 100% 정확할 수 없기에 어쩔 수 없다.

수학 시험에서 위와 같은 아쉬움을 느끼기 싫다면 방법은 한 가지다. 조금이라도 나올 법한 모든 유형의 문제를 다 풀어보고 익히는 것이다. 그렇게 하려면 시간이 많이 필요할 수밖에 없다. 따라서 자연스레 시험 기간이 아닐 때에도 공부에 시간 투자를 많이 할 수밖에 없는 것이다.

30살이 되어 내 인생의 모토는 '후회하지 않는 삶을 살자.'가 되었다. 한 번 사는 인생 후회 없이 살자는 것이다. 지나간 일에는 미련을 갖지 않기로 다짐했다. 과거를 아예 잊자는 것이 아니다. 온고지신의 정신을 본받아 과거의 실수를 되풀이해선 안 된다. 과거는 시행착오로서의 기능을 하는 것이다. 하지만 미련을 버리지 못한다든가, 예전의 화려했던 순간을 떠올리며 행복해하는 것은 의미가 없다. 보통 이런 경우는 지금이 더 못났기 때문에 하는 행동이다.

공부를 하는 학생들뿐 아니라 어른들도 후회를 많이 한다. 가장 많은 후회는 직업을 가지고 나서 하게 된다. '더 좋은 스펙을 쌓을걸, 혹은 더 좋은 학과를 갈걸.'이라고 생각한다. 그러한 어른들은 학생 때 이미 귀가

닳도록 좋은 조언들은 많이 들었다. 단지 그때는 귀가 열리지 않았던 것일 뿐이다. 다시 돌아가도 똑같다.

현재 직업에 만족하지 못하면 새로운 직장을 구하면 된다. 의사가 되고 싶다면 나이가 30살이 넘었어도 도전하면 된다. 학벌이 아쉽다면 대학원을 가면 된다. 대부분의 사람은 현실의 상황을 핑계로 도전을 하지 못한다. 리스크를 짊어지지 못하는 것이다. 도전하지 못할 거라면 징징댈 필요도 없다. 성공한 사람들은 앞으로 나아갈 길만을 찾는다. 과거를 후회하며 징징대지 않는다. 후회 많은 사람은 변명만을 찾기 급급하다.

나는 20대 때 최대한 많은 것을 경험하려고 노력했다. 그리고 고민 끝에 강사라는 길을 택했다. 가끔은 대학생 때 공부만 한 뒤, 다른 진로로 갔으면 어땠을지 생각한다. 대학원이나 전문직에 대한 미련이 잠시 있었기 때문이다. 하지만 다시 돌아가도 똑같이 지냈을 것이라는 생각이 든다. 내 인생에서 다양한 경험과 일탈의 시기가 필요했고, 그것이 채워져야지만 다음 단계로 나아갈 수 있던 것이다. 나는 그런 성격의 사람이다. 그 사실을 인지하고 나니 더 이상 과거에 미련을 갖지 않을 수 있었다.

후회라는 것을 하지 말자. 어차피 과거로 돌아가서 동일한 일을 겪으면 결과는 비슷하게 나온다. 과거에 대한 미련을 버려라. 대신 과거에 했던 잘못들은 반성하고 되풀이하지 말자. 그러기 위해서 다양한 장치를 마련하는 것이 좋다.

공부를 열심히 안 했던 것이 후회가 된다면 공부할 계획을 세워라. 의지가 부족하다면 동기부여 영상을 보든, 학원을 다니든, 과외를 받든 공부 환경을 조성해야 한다.

과거에 대한 집착을 버려라. 지금 이 순간을 소중히 여기는 것이 100배 낫다. 그러면 미래의 나는 지금을 후회하지 않을 테니까 말이다.

이보다 더 좋은 선택을 할 수 없다, 이보다 더 잘할 수 없다는 생각으로 오늘을 살아라. 그렇다면 좋은 결과가 있을 것이다. 설령 실패하더라도 후회는 남지 않을 것이다. 그러면 당신은 미련 없이 계속 나아갈 수 있을 것이다.

마법같이 수학이 쉬워지는 Q&A

저 재수하면 성공할 수 있을까요?

(재수를 간 보는 대학교 1학년 B학생)

제가 편의점에 갔다 올 때 벼락을 맞을 확률은 얼마일까요? 교통사고가 날 확률은 얼마일까요? 중요한 것은 두 가지 확률 다 0이 아니라는 것입니다. 즉, 인생에서 100% 일어나는(혹은 일어나지 않는) 사건은 거의 없어요. 당신이 재수해서 성공할 확률을 수치로 매긴다고 합시다. 그럼 얼마 이상이면 재수에 도전할 건가요? 재수는 간절한 마음을 가졌을 때만 좋은 결과를 얻어낼 수 있습니다. 1%도 안 되는 작은 확률이라도, 재수가 아니면 답이 없다는 생각이 들면 하면 됩니다. 100명의 전문가가 다 당신이 실패할 것이라고 해도, 하고 싶으면 해야 합니다. 나약한 마인드로는 절대 성공하지 못합니다. 본인이 재수를 왜 하고 싶은지 생각해보세요. 그리고 미래에 후회할지, 안 할지도 생각해보세요.

03

넌 커서 뭐가 되고 싶니

/

"목표가 있는 사람은 성공한다. 그들은 어디로 가는지를 알고 있기 때문이다."
–나이팅게일(영국의 간호사)

꿈이 있어야 '왜'가 만족이 된다

나는 강의를 하다가 가끔씩 '1분 설교'를 한다. 말이 1분이지만 이야기 하다 보면 5분이 훌쩍 지나간다. 하지만 계속 수학을 알려주는 것보단 조금의 동기부여를 섞는 것이 훨씬 도움이 된다. 설교 내용은 뻔하다.

'공부를 열심히 해라!'

하지만 그 내용은 크게 2가지로 나뉜다. '어떻게' 공부해야 하는지와 '왜' 공부해야 하는지다.

'어떻게'와 '왜' 중에서 무엇이 더 중요할까? 당연히 둘 다 중요하다. 하지만 우선순위는 '왜'이다. 공부를 해야 할 동기가 있어야 하는 것이다.

그리고 그 동기의 많은 부분은 장래희망에서 온다. 꿈을 이루고 싶은 마음이 공부의 원동력이 된다. 그래서 항상 아이들에게 무엇이 되고 싶은지 물어본다. 그만큼 꿈은 중요하다.

나는 어렸을 때부터 딱히 갖고 싶은 직업이 없었다. 그냥 막연하게 멋진 사람이 되고 싶었다. 초등학교 때는 '소방관' 혹은 '과학자'였다. 별다른 이유는 없었다. 당시에 아이들의 꿈은 다 비슷했다. 좀 더 거창하면 연예인이나 대통령이 등장했다.

고등학생이 되어서야 의대를 가고 싶다는 생각을 했다. 의사가 되고 싶은 이유는 딱 2가지였다. 그냥 명예가 있어 보이고 돈도 많이 벌 것 같아서였다. 의사가 구체적으로 얼마나 공부하고 어떤 일들을 하는지도 몰랐다. 시험 기간이 끝나면 비위를 강하게 하는 연습을 했다. 비디오 가게에서 잔인한 공포영화를 빌려 봤다. 나중에 피를 봐도 놀라지 않기 위함이었다. 성적을 더 올려야 할 판국에 엉뚱한 짓을 하고 있었다. 고3이 되어서 진로를 수학과로 바꾸게 되었다.

사실 나를 공부하게 만든 원동력은 첫 성적이었다. 고1 첫 중간고사에서 전교 1등을 한 것이다. 아직도 성적표에 '1/35, 1/420'을 잊지 못한다. 각각 반 석차, 전교 석차이다. 일단 1등을 하고 나니 이것을 유지해야겠다는 생각이 들었다.

대학에 관한 정보도 없고 꿈도 없었다. 수시와 정시 차이도 몰랐다. 나는 정보력이 남들보다 없는 편이었다. 그냥 눈앞에 있는 것을 열심히 하는 바보 같지만 우직한 아이였다. 아무것도 몰랐지만 계속 1등을 하면 뭔가 좋은 일이 일어날 것 같았다. 명문대에 가고 싶었는데 갈 수 있다는 희망을 갖게 된 것이다.

시험 기간이 되면 지치고 포기하고 싶을 때가 많았다. 처음부터 망했으면 열심히 안 했을 수도 있다. 하지만 만들어낸 성적이 아까워서 열심히 했다. 매 순간 극한의 체력까지 써가며 삶과 죽음의 경계에 있는 것처럼 공부했다. 돌이켜보면 너무 아슬아슬했다. 너무 힘들었기에 다시는 고등학생으로 돌아가기 싫다. 젊음을 준다 해도 말이다.

우여곡절 끝에 대학에 들어왔지만 꿈은 정해지지 않았다. 꿈이 없으니 공부가 잘될 리가 없었다. 대학에 가면 낭만적인 캠퍼스 라이프가 펼쳐질 줄 알았다. 그러나 서울대를 가면 여자가 줄을 선다는 선생님의 말은 거짓이었다. '안 생겨요.'라는 말을 실감할 수 있었다.

목표를 잃어버린 나는 마냥 놀기만 했다. 공부가 너무 하기 싫었다. 고등학교 때는 대학에 가려고 공부를 했지만, 대학에 오고 나니 왜 해야 되는지 모르겠는 것이다. 친구들 중에는 나처럼 목표를 잃어버리고 방황하는 아이들이 있었다. 반면 꿈을 좇아 쉬지 않고 공부를 계속 해나가는 아이들도 많았다.

대학에서 '왜'에 대한 고민을 많이 했다. 수학과 학생회장도 해보고, 동아리 활동도 했다. 여행도 많이 다니고 놀기도 많이 놀았다. 이것저것 경험해서 후련한 마음을 갖고 싶었다. 어느 정도 노니까 공부할 마음이 생겼다. 그래서 복학 직후 전공 공부를 열심히 하게 되었다.

영어 공부가 가장 힘들었다. 토익 공부를 하긴 해야 하는데, 왜 해야 하는지 납득이 되지 않았다. 애초에 가고 싶은 회사도 없었다. 내가 토익 단어를 외우고 문법을 공부하는 건 영어 점수를 얻기 위함이다. 영어 점수가 좋으면 대기업 인사과 직원들에게 잘 보일 수 있다. 하지만 가고 싶은 회사가 없으니 그들에게 잘 보이고 싶은 마음도 안 생겼다. '그들이 뭔데 나를 평가한다는 걸까?' 이런 마음이 드니 공부가 될 리가 없었다.

아마도 꿈이 없어서 공부가 안 되는 고등학생이 이런 마음이었을 것이다. 해야 한다는 것은 알지만 자꾸 하기 싫은 것이다. 안 해도 어떻게든 인생이 흘러갈 것 같은 마음이 드는 것이다.

하루는 갑자기 대학원에 가고 싶어서 토플책을 세트로 다 샀다. 하지만 한 페이지도 펼쳐보지 않았다. 지금 생각해도 정말 돈이 아깝다. 명확한 꿈은 없었지만 영어를 잘해보고 싶다는 단순한 열정은 있었다. 그래서 나는 아일랜드로 떠났고 반년간 영어공부를 했다.

영어를 잘 배워서 외국계 기업에 가고 싶었던 적이 있다. 정확히 무언가를 하고 싶진 않았다. 그냥 영어로 말하며 카페에 앉아 세상과 소통하는 모습이 멋져 보였다. 나는 이토록 단순하다.

귀국해서 바로 영어시험을 봤다. '토익 스피킹'은 만점이 나왔고, 토익도 공부를 하니 900점이 훌쩍 넘는 점수가 나왔다. 기업에 들어갈 준비가 되어가던 찰나였다. 하지만 딱히 가고 싶은 곳이 없었다. 오히려 수학과 관련된 일을 하고 싶었다. 그렇다고 학계에 가고 싶진 않았다. 깊게 연구할 자신도 없었고 너무 배고프고 힘들 것 같았기 때문이다.

우여곡절 끝에 학원계로 들어오게 되었다. 처음엔 힘든 점이 많았지만 지금은 적응해서 만족하며 지내고 있다. 물론 꿈은 더 크다. 아직도 배고프고 발전해야 할 것이 많다. 학원계에는 정말 대단한 강사들이 많다. 화려한 강사들을 보면 부족함을 많이 느낀다.

20대 때에는 되고 싶은 것이 없었기에 다양한 경험으로 그 자리를 채웠다. 30대에는 직업을 갖게 되었고, 목표가 생기니 한 방향으로만 나아갈 수 있게 되었다. 이제는 이루고 싶은 것들이 생긴 것이다. 그만큼 성취하고 싶은 것이 있다는 건 중요하다.

다양한 꿈을 펼치는 친구들

수학과를 졸업하면 대체로 무슨 일을 할까? 절반에 가까운 친구들은 대학원에 진학했다. 자연과학대학 학생으로서 가장 본질에 충실한 진로일 것이다. 나머지 학생들은 대부분 대기업에 취직했다. 수학과 학생들은 통계나 경제까지 공부해서 다양한 진로를 갖는다. 동기들은 보험 계리나 각종 금융기업으로 많이 취직했다. 유명 공기업에 들어간 친구들도 있다. 일부 학생들은 사업을 하기도 한다. 나처럼 학원가로 온 친구들은 4명이다. 다 대단하고 배울 것이 많은 친구들이다.

내 친구 중 한 명은 스펙이 굉장히 화려했다. 4.3에 가까운 학점에 토익점수도 950이 넘었다. 어학연수 및 대기업 인턴 경험도 있었다.

각종 공모전에서도 수상을 했다. 보험계리사라는 전문자격증까지 땄다. 하지만 그 친구는 요리를 좋아했고 결국 루마니아에 가서 한식당을 차렸다. 그리고 마음을 바꿔 귀국한 뒤 학원 강사 일을 시작했다. 강사로서 단기간에 승승장구했는데도 퇴사해서 삼성에 들어갔다. 그렇게 대기업 생활을 하다가 최근엔 공기업으로 옮겼다. 자신에게 더 맞는 일을 계속 찾는 것이다. 지금은 결혼해서 행복하게 잘 지내고 있다.

그 친구는 눈앞의 목표가 이루어질 때까진 무섭게 매진하는 스타일이었다. 평소에 같이 항상 놀다가도, 시험 기간이나 자격증 준비 기간엔 무섭게 공부했다. 이렇게 서울대학교에는 다양하고 독한 사람이 많다. 꿈은 바뀔 수도 있지만 눈앞의 꿈을 내 인생의 꿈이라 생각하고 목숨 걸고 준비해야 하는 것이다.

고등학교 때부터 한 직업을 바라보고 성장하는 사람들이 있다. 많은 이과 최상위권 학생들은 의대만을 목표로 공부하고 결국 의사가 된다. 이 또한 멋지고 대단한 일이다.

직업에는 귀천이 없다. 자신만의 꿈이 중요한 것이다. 그리고 더 중요한 것은, 그것이 꼭 직업이 아니어도 된다는 것이다. 꿈이 없거나 계속해서 바뀌는 경우도 많다. 하지만 공통점이 하나 있다. 눈앞에 어떤 목표가 있으면 그것이 전부라 생각하고 노력한다는 것이다.

당신이 고등학생이라면 꿈이 있는 것이 좋다. 그래야 동기부여가 된다. 특정 직업이어도 좋고, 대학이어도 좋다. 막연히 멋진 사람이 되고 싶은 게 꿈이어도 된다. 하지만 무엇인가는 있어야 한다.

당신은 커서 무엇이 되고 싶은가? 지금 당장 꿈을 그려보아라. 그리고 꼭 되고 싶다는 생각을 해라. 그러면 공부가 저절로 잘될 것이다.

마법같이 수학이 쉬워지는 Q&A

계산 실수는 어떻게 줄이나요?

(시험 직후 계산 실수를 깨달은 K학생)

계산 실수는 모두의 적입니다. 실제로 많은 사람들이 고통받습니다. 저도 수업하다가 실수를 하는데, 하루에 3번 실수하면 간식을 삽니다. 물론 현역 때는 한 번도 안 했습니다. 계산 실수를 줄이는 한 가지 정답이 존재하진 않아요. 하지만 여러 가지 도움이 되는 팁은 있습니다.

계산을 할 때 암산을 많이 하면 실수를 많이 할 수 있어요. 객관식 문제를 풀 때 서술형처럼 예쁘게 쓸 필요는 없지만, 중요한 식을 정리할 땐 깔끔하고 정확하게 쓰는 것이 좋습니다. 또한 실수가 많이 나오는 파트들(케이스 많이 나누는 경우의 수, 정적분 계산, 정수 개수 세기 등등)에서는 실력을 더 쌓고 더 조심해야 합니다. 문제를 잘못 읽고 틀리는 경우도 주의합시다. 경험이 많이 쌓이면 실수가 적어지기도 합니다. 예를 들어 경우의 수를 구했는데 10만 단위가 넘어가면 답이 너무 크니 의심해 볼 수 있겠죠. 결국 많은 연습만이 실수를 줄일 수 있음을 명심하세요.

04

동기가 있어야 집중도 된다

/

"명분이 있어야 확고하게 지배한다."
-칭기즈 칸(몽골 제국 건국자)

동기부여가 결과의 차이를 만든다

공부법은 천차만별이다. 사람마다 저마다의 방식이 있기 때문에 남들의 비법은 걸러 들어야 한다. 하지만 모든 사람이 공통적으로 주장하는 것이 있다. 바로 집중력이다. 잠은 적당히 자되 깨어 있는 시간에 집중해서 공부하라고 한다.

많은 사람들이 하는 말인 만큼 꽤 중요한 이야기다. 하지만 공부에 집중하는 게 쉬운 일인가? 학원에서 자습을 시켜보면 집중을 잘하는 아이가 있는 반면 산만한 아이들도 있다. 산만한 아이는 문제를 조금 고민하다가 바로 스마트폰을 본다. 그리고 옆 친구와 이야기하고 물을 한잔 마신 뒤 화장실에 다녀온다. 폰을 압수해도 소용이 없다. 이미 머릿속이 산만하기 때문이다. 이런 경우에는 정신 교육을 진행한 뒤 공부하는 것이 훨씬 낫다. 5분 정신교육을 하면 1시간을 집중할 수 있다. 하지만 가만히 놔두면 3시간을 버릴 수도 있는 것이다.

정신교육이란 동기부여를 하는 것을 말한다. 먼저 아이의 꿈에 대해 이야기를 나눈다. 어느 대학의 어느 학과에 가고 싶은지 묻는다. 대체로 아이들은 본인 실력보다 꿈이 높다. 특히나 1학년 때는 모두가 SKY가 목표이다. 그다음 질문은 현재 점수이다. 여기서부터 대화가 소극적으로 변한다. 마지막으로 앞으로 해야 할 공부 양과 공부 방법, 구체적인 콘텐츠에 관하여 이야기를 나눈다. 그만큼 동기부여는 중요하다. 그리고 꾸준히 해주어야 한다.

꽤 많은 학생들은 1학년 말이 되어서야 정신을 차린다. 그전까진 왜 공부를 해야 하는지 모르고 적당히 하는 것이다. 적당히 하면 점수도 적당히 나온다. 공부에 탄력을 받아서 고1 말부터 실력이 급상승하는 아이들을 많이 봤다. 뒤늦게 좋은 내신 성적을 받는다. 내신 성적은 다 누적으로 기록에 남으니 참으로 안타깝다. 그 아이들이 1학년 처음부터 정신 차리고 잘했으면 얼마나 좋았을까 하는 생각이 든다.

특히나 일반고 학생이라면 상황이 더 애매해진다. 학생부 교과를 쓰기엔 내신이 애매하고 정시에선 경쟁력이 약하다. 그렇다고 학생부 종합

전형으로 쓸 학생부가 빵빵한 것도 아니다. 대입은 고1이 되면서 동시에 시작되는 것이다. 늦어도 중3 겨울방학에는 모든 준비가 끝나 있어야 한다. 안 그러면 흔들리는 고등학교 생활을 하게 될 수밖에 없다.

동기부여는 다양한 것으로부터 온다. 대표적인 것이 부모님이다. 부모님이 자녀의 교육에 관심이 많을수록 더 좋은 성적을 낼 확률이 높다. 물론 학생이 스트레스도 많이 받겠지만 말이다. 나는 일반고, 과학고, 영재고 학생들을 모두 가르친다. 과학고나 영재학교 어머님들은 확실히 수업에 관심이 많다. 더 좋은 선생님들 찾아다니고 더 좋은 학원을 알아본다. 강사에게도 아이가 어떻게 공부해야 하는지, 지금은 무엇을 배우고 있는지 계속 물어본다. 유명 강사의 팀 수업을 따내고 남들에게 알려주지 않는다. 그렇게 해서 아이들은 최고의 강사 밑에서 좋은 결과를 얻어낸다.

'맹모삼천지교'라는 말이 괜히 있는 것이 아니다. 공부는 학생이 하는 것이다. 하지만 '같은 값이면 다홍치마'라는 말이 있듯이, 두 학생의 지능과 노력이 똑같을 때, 부모님의 지원해주는 정도에 따라 결과에 차이가 난다. 안타깝지만 양질의 사교육을 받을수록 좋은 결과를 얻을 확률이 높아진다.

군대에서 만난 사람들 중에 굉장히 똑똑하다고 느낀 사람들이 몇 있었다. 뛰어난 일처리는 기본이고 전술 교범들도 금방 이해하고 응용할 줄 알았다. 하지만 그들은 학벌이 좋지 않았다. 어렸을 때 시골에서 자랐고 교육환경이 좋지 않았던 것이다. 그런데 그 사람들이 학구열이 높은 강남 한복판에서 자랐다면 무조건 명문대에 갔을 것이라고 생각한다.

나는 학원을 안 다녔지만 대신 아버지의 엄격한 훈계가 있었다. 시험을 못 보면 하루 종일 크게 혼났다. 부모님이 아이의 성적 가지고 혼내야 한다는 것은 절대 아니다. 단, 나의 경우에는 목표가 높았기에 혼나는 것도 다 내 탓이라고 생각했다. 그래서 크게 혼나도 멘탈이 유지되었고 더 열심히 할 수 있었다. 아버지에게 혼난 것이 좋은 동기부여가 된 것이다. 하지만 부모님의 훈육은 부모 자식 간에 갈등을 만들 수도 있다. 자칫하면 아이는 엇나갈 것이다. 그러니 시험 성적으로 혼내는 것은 매우 조심해야 한다.

가만히 있지 말고 공부 자극을 찾아 나서라

아무리 동기부여가 강한 학생도 흐트러지기 마련이다. 나 또한 자주 의지가 약해졌다. 공부하는 게 너무 싫고 힘들 때가 있었다. 그럴 때 난 '오르비스 옵티무스'라는 사이트에 들어갔다. 전국의 상위권 학생들이 모여서 정보를 공유하는 사이트이다. 서울대를 꿈꾸는 사람, 의대를 꿈꾸는 사람 등등이 자신의 일상이나 생각, 정보를 공유했다. 서울대 게시판만 해도 지역균형 게시판, 특기자 게시판 등등 전형별로 카테고리가 나누어져 있었다. 수능 게시판에는 전국에서 난다 긴다 하는 아이들이 자신들의 모의고사 점수를 인증했다.

학교 안에서 남들보다 잘하는 것은 큰 의미가 없다. 명문대에 가려면 전국의 아이들과 경쟁해야 한다. 우물 안 개구리였던 나에게 그 사이트는 너무나 충격적이었다. 그리고 기뻤다. '공부를 잘하는 고등학생들은 이 정도까지 하는구나.'라는 것을 알게 되었다. 그래서 공부가 잘 안될 때마다 사이트에 들어가서 소위 '눈팅'을 했다. 동기부여 차원에서 정말 큰 도움이 되었다.

인터넷으로 공부 자극을 받는 것은 한 가지 단점이 있었다. 입시 관련 사이트를 본 뒤 다른 짓을 하는 것이다. 나는 축구를 좋아했다. 그래서 축구 관련 다양한 영상을 즐겨 봤다. 공부를 할 땐 공부 외의 세상 모든 게 즐거운 법이다. 축구 외에도 별 의미 없는 글들, 시시콜콜한 인터넷 글들을 보며 시간을 낭비했다. 동기부여를 받자마자 컴퓨터를 꺼야 했다.

때로는 인터넷보단 책을 많이 활용했다. 난 주로 독서실에서 공부했다. 독서실에는 명문대 합격자들의 수기가 많았다. 그런 것들을 읽어보며 자극을 많이 받았다. 사회에서 성공한 어른들보다 대학에 간 형 누나들이 더 멋져 보였다. 그리고 '과연 나는 저렇게 될 수 있을까?'라는 의구심이 들었다.

한 가지 위로가 됐던 것이 있다. 명문대를 간 선배들은 모두 노력을 많이 했고 위기도 많았다는 것이다. 태어났을 때부터 천재인 사람들만 이름 있는 대학에 간다고 생각했는데, 그들의 인간적인 모습을 보고 희망을 가지게 되었다. 나도 할 수 있다는 자신감이 생기니 더 열심히 공부할 수 있게 되었다.

설명회를 다니는 것도 큰 도움이 된다. 어느 정도 공부해야 대학에 갈 수 있는지 가늠할 수 있기 때문이다. 아이들보단 부모님들이 설명회를 많이 다닌다. 설명회 자료는 대입에 큰 도움이 된다. 공부를 할 때도 도움이 되는 팁들이 가득하다. 하지만 학원을 홍보하는 면도 있으니 비판적으로 들어야 한다.

동기를 정하는 것이 꼭 직업을 정하라는 것은 아니다. 꿈은 계속 바뀌기 마련이다. 하지만 자기소개서를 쓰기 위한 꿈은 하나 있어야 한다. 그리고 대학과 전공에 관해서는 더 구체적으로 아는 것이 좋다. 공부 동기 측면에서도 그렇고, 면접 및 자기소개서에서도 필요하기 때문이다.

원하는 대학과 학과는 빨리 정하는 것이 좋다. 그리고 전년도 '커트 라인'을 조사해야 한다. 인터넷에서 조금만 검색하면 다 알 수 있다. 그래야 목표가 생기고 확고해지는 것이다. 원하는 대학에 들어가기 위해 몇 등급을 받아야 하는지 알면 공부를 할 수밖에 없다.

나는 입시에 밝지 않았지만, 계속 1등만 하면 어디든 골라갈 수 있다는 담임선생님의 말을 믿었다. 그래서 우선 학교 내신에 충실히 임했다. 입시 정보는 고2 때도 얻을 수 있지만 고1 성적은 기록으로 남기 때문이다. 자신만의 입시 전략도 세울 줄 알아야 한다.

공부를 잘하려면 집중해야 한다. 그러려면 동기가 있어야 한다. 부모님의 역할도 중요하고 본인의 역할도 중요하다. 혹시나 성적이 안 나온다고 해서 부모님을 탓하진 말자. 정보가 워낙 발달한 시대이다. 적은 돈으로도 부지런히 움직이면 인터넷에서 양질의 자료와 수업을 접할 수 있는 세상이다.

본인이 동기가 부족하다고 느껴지면 몸으로 움직이자. 입시 사이트에 들어가서 정보를 모아라. 가고 싶은 대학교 사이트에 들어가서 데이터를 모아라. 그리고 직접 그 대학교에 가보아라. 아무 대학생이나 붙잡고 커피 한잔 사주면서 합격 비결을 물어보아라. 기쁜 마음으로 성실하게 대답해줄 것이다.

공부에서 동기는 시작이자 끝이다. 동기부여가 잘 안되어 있다면 스스로 찾아 나서라. 더 이상 남 탓은 하지 말자. 동기도 집중도 노력으로 얻을 수 있는 것이다.

05

혼자 공부가 가능했던 12시간

/

"공부를 잘하는 사람들은 언제나 혼자 공부하는 시간을 최대한 확보한다."
–한재우(『혼자 하는 공부의 정석』 저자)

자유롭게 고민할 수 있는 나만의 시간

나는 개인주의가 강한 편이다. 남에게 피해를 주는 것을 싫어한다. 반대로 남도 나에게 피해를 주어선 안 된다. 내가 무슨 일에 집중할 때 다른 사람이 방해하는 것을 극도로 싫어한다.

그래서 나만의 공부 시간이 충분히 확보되는 게 좋았다. 학교에서 야간 자율학습을 하면 보통 4시간 정도 공부를 한다. 좋든 싫든 밤 10시가 되면 집에 가야 한다. 하지만 주말에 독서실에 가면 모든 시간이 내 것이다. 아침 9시에 독서실에 가면 밤 12시까지 15시간이 주어지는 셈이다. 그 시간만큼 아무도 날 방해하지 않는다.

여유롭게 주어지는 시간이 마냥 좋았다. 그리고 왠지 그 시간을 다 소화하면 실력이 엄청나게 늘 것만 같았다. 나는 그러한 정신적 여유 속에서 공부했다.

특히나 겨울방학은 최고의 시간이었다. 나는 더위를 많이 타서 여름엔 공부가 잘 안됐다. 하지만 겨울은 덥지가 않다. 게다가 방학기간도 길다. 넉넉 잡아 2개월 가까운 시간이 주어진다. 나만의 자유 시간을 충분히 갖고 실력을 늘릴 수 있는 절호의 기회인 것이다.

학원을 다니든 안 다니든 겨울방학을 잘 이용해야 한다. 실력이 수직 점프할 수 있는 기간이기 때문이다. 학교를 다니면 학교 내신, 수행평가 등으로 인해 체력 소모도 크고 정신이 없다. 방학이 그래서 중요하다.

나의 독서실 라이프 시간표

일주일 중 6일을 독서실에 갔다. 토요일 하루 정도는 집에서 쉬면서 적당히 공부를 했다. 수능 시험 시간표에 맞추어 아침 9시에 독서실에 입실했다. 그리고 국어영역부터 공부했다. 이어서 수학, 영어, 과학 순으로 공부했다.

국어는 내가 가장 싫어하는 과목이었다. 내가 생각한 것과 항상 답이 달랐다. 어떤 때는 비문학 지문 5개 중 5개를 다 틀리는 때도 있었다. 답지를 봐도 내 의견을 굽히지 않았다. 국어를 수학처럼 공부한 것이다. 수학에서는 답이 1이면 1이다. 2가 답일 확률은 0이다. 하지만 국어에서는 문맥상 가장 알맞은 것을 골라야 한다. 난 그 부분이 너무나 마음에 안 들었다. 하지만 결국 타협하기로 했다.

시간이 많으니 다양한 시도를 할 수 있었다. 비문학 지문이 주어지면 2가지 방법으로 풀었다. 하나는 오로지 나의 생각으로, 두 번째는 출제자의 관점으로 접근했다. 그런 식으로 풀다 보니 출제자의 의도를 이해할 수 있었고 정답률이 높아지게 되었다.

문학작품은 한국말로 쓰여 있다. 하지만 외국어 지문과 똑같다고 생각했다. 그냥 생각 없이 읽으면 이해가 바로 안 됐기 때문이다. 내가 알아듣기 힘든 말을 '해석'하는 것이 관건이라 생각했다. 그래서 문학 해석 능력을 길렀고 그것이 도움이 많이 됐다.

수학은 공부할 맛이 가장 많이 나는 과목이었다. 고민하고 생각하는 만큼 실력이 느는 게 느껴졌기 때문이다. 한 문제를 풀더라도 2가지 이상의 방법으로 풀려고 노력했다.

수학에서 힘들었던 점은 직관과의 싸움이었다. 어려운 문제 중, 무에서부터 조건을 하나하나 해석해가며 풀면 잘 풀리지 않는 경우가 있다. 정답의 상황을 예측하고 거꾸로 증명해가는 경우들이 잘 와닿지 않았다.

풀이 자체가 지나치게 아이디어를 요구하는 문제들도 많이 있었다. 바닥에서부터 성실하게 공부했던 나는 이런 문제들에서 어려움을 느꼈다.

하지만 수학의 세계는 직관에 의하여 발전해온 만큼 그 사실을 받아들이기로 했다. 모든 것은 나의 실력 부족이라는 생각 아래 열심히 고민하고 풀었다. 답지에서의 신선한 풀이가 있으면 흡수하고 다른 문제에 적용했다.

나는 선행이 느렸던 아이였다. 고2 겨울방학에 심화 미적분을 처음 봤다. 그래서 상당히 고생을 했다. 삼각함수의 덧셈정리, 초월함수의 미분과 적분을 고2 겨울방학 때 처음 본다는 것은 요즘엔 상상할 수 없는 일이다. 그래서 뒤늦게 따라잡기 위해 하루에 8시간씩 정석만 풀었다. 다항함수의 미적분과 다르게, 등장하는 함수들이 복잡했고 그리기도 어려웠다. 삼각함수의 치환적분은 너무나 화려해 보였다. 증명을 봐도 뭔가 와닿지가 않아서 적당히 이해한 채로 열심히 문제를 풀었다.

부끄럽지만 당시에는 개념이 정확하게 적립되지 않은 것들도 있었다. 예를 들면 치환 적분을 할 때 치환하는 함수는 미분이 가능하기만 하면 된다. 하지만 나는 일대일 대응이어야 한다고 생각했었다. 이러한 내용이 내신이나 수능에 잘 나오지 않아서 다행이었다.

부분적분을 빠르게 하는 도표 적분이나, 각종 적분 스킬도 대학에 와서 알게 되었다. 바이어슈트라스 치환 같은 것은 상상도 못했다.

이처럼 혼자 공부하는 것은 빈틈도 많았고 이해하는 데도 오래 걸렸다. 좀 더 미리 했으면 더 좋았을 것이다.

내가 오랜 시간 동안 수학에 집중할 수 있었던 비결은 무엇일까? 고2 겨울인 만큼 동기부여는 이미 끝나 있었다. 더 강한 것이 필요했다. 그건 바로 보상이다. 공부는 게임과도 같은 것이다. 단 게임보다 보상의 속도가 많이 느리다. 내가 5시간을 투자해도 실력이 안 오를 수 있는 것이다. 하지만 나는 많은 시간을 투자했고 실력이 오르는 것을 느꼈다.

어려운 문제를 만나면 어렵게 느껴지는 이유를 고민했다. 그리고 출제자의 의도라 생각하는 것들을 2~3가지 떠올리고 접근했다. 어려운 문제들은 관점을 다르게 해야 풀리는 경우가 있기 때문이다. 풀이의 방향을 잘 잡아도 마무리 계산이 중요하다. 이미 공부 습관은 있었기에 연습장에 열심히 계산했다. 그렇게 해서 어려워 보이는 미적분 문제들을 하나둘씩 풀어내기 시작했다. 그러자 자신감이 생겨서 다음 공부를 이어갈 수 있었다.

영어는 내가 잘하는 과목 중 하나였다. 사실 영어는 고1, 2 때 거의 끝내놨기에 별로 할 게 없었다. 혼자 공부하니 요즘 표현으로 '고이게' 되었다. 현란하고 이상한 단어들을 많이 찾고 외우고 혼자 기뻐했다. 시험에 안 나오는 'prefrontal lobotomy(전두엽백질절제수술)' 같은 단어를 암기하면서 언젠가 필요하지 않을까 생각하는 수준이었다.

그래도 감각을 이어가고자 어려운 독해 지문을 찾아 꾸준히 풀었다. 단어는 시중에서 파는 단어장과 독해 지문에서 나온 단어를 같이 정리해서 외웠다. 단어가 누적되다 보니 동의어 반의어 등이 저절로 쌓이게 되었다. 이런 것들은 따로 정리해두었다.

공부를 많이 하니 좀 전에 외웠던 단어가 새롭게 푸는 독해 지문에 나오는 일이 잦아졌다. 거기에 희열을 느껴서 단어를 더 열심히 외웠다.

하루의 마무리는 과학으로 끝냈다. 물리1, 화학1, 생물1, 화학2를 공부했다. 하루는 화학1, 2, 하루는 물리와 생물 등을 공부했다. 나는 과학을 썩 좋아하진 않았지만 국어보단 재밌기에 열심히 공부했다. 그렇게 나는 하루에 12시간 이상 공부하며 지냈다.

공부에서 가장 중요한 것은 배운 것을 내 것으로 만드는 능력이다. 그리고 그 과정에서 나에게만 맞는 다양한 공부법, 풀이법을 익혀야 한다. 학원을 다닌다면 더 많이 내 시간을 가져야 하는 것이다. 혼자 공부하면 시행착오를 많이 겪게 된다. 잘못된 개념을 익힐 수도 있다. 나는 문제를 많이 풀어봄으로써 잘못된 개념을 깨 나갔다.

고1 때만 해도 하루에 8시간을 공부하기 힘들었다. 공부 방법을 몰랐기 때문이다. 고2 때는 이미 공부 경험도 많고 동기부여도 잘되어 있기 때문에 공부만 하면 되는 상황이었다. 그래서 혼자서 오랜 시간 공부하는 것이 가능했다. 그렇게 공부하는 것이 내 습관이 되었다.

여러분도 자기 공부 시간을 많이 확보하기 바란다. 학원에서 배우는 콘텐츠는 매우 좋다. 하지만 당신이 소화하지 못한다면 결국 토해낼 뿐이다. 충분한 시간을 투자해서 배운 것을 모조리 자기 것으로 만들길 바란다. 그렇게 공부하면 점수는 무조건 오르게 되어 있다.

마법같이 수학이 쉬워지는 Q&A

경우의 수는 어떻게 해야 잘 풀 수 있나요?

(중학교 때 경우의 수를 접하고 멘탈이 무너졌던 예비 고1 J학생)

경우의 수는 많은 학생들이 무서워합니다. 왜냐하면 어려운 경우의 수 문제는 아예 손도 대기 힘들뿐더러, 풀이를 보더라도 창의적인 발상이 필요한 경우가 많기 때문이죠. 그래도 연습으로 실력을 늘릴 수 있습니다. 우선 자기만의 틀린 논리로 푸는 것들을 고쳐야 합니다. 경우의 수의 문제점은 나만의 논리로 답을 내면 그게 틀린지 알기 힘들다는 것이죠. 쉬운 문제는 2~3가지 방법으로 풀 수 있지만 어려운 문제일수록 내 논리가 참인지 확인하기 어렵습니다. 그래서 많은 문제를 풀어보며 잘못된 개념을 없애야 합니다. 또한 답지를 반드시 봐야 합니다. 새로운 관점이나 풀이 등을 모조리 흡수하기 위해서죠. 경우의 수 접근법은 워낙 다양하기 때문에 많이 노력해야 극복이 가능한 파트입니다.

06

흥미를 유발하는 공부법

/

"팝송을 흥얼거리다 어느새 영어의 달인이 되었다."
—송요훈(『영어의 신』 저자)

친구들과 공부하는 그룹을 만들자, 같이 성공할 것이다

수업 시간에 아이들이 집중을 못 할 때가 있다. 그럴 때 나는 어려운 문제 하나를 내고 풀면 치킨을 사준다. 그날 배우는 것과 관련이 깊으면서도 창의력이 필요한 문제를 낸다. 꼭 이럴 때 평소에 집중 못 하던 조용한 아이가 풀어낸다. 보상으로 간식이 주어진다.

나는 수업을 하다 계산 실수를 종종 한다. 처음엔 아이들에게 내가 실수하는 모습을 보여주는 게 미안했다. 아이들에게 실수하지 말라고 강조하면서 정작 내가 했으니 말이다. 그래서 실수를 할 때마다 체크를 했고, 3번 체크가 되면 간식을 사주기로 했다. 간혹 컨디션이 안 좋은 날엔 실수를 많이 하게 된다. 그럴 땐 내가 한 실수가 실수냐, 아니냐를 두고 옥신각신한다. 나는 실수의 정의부터 엄밀히 내리자고 하면서 버틴다.

이토록 그냥 공부만 하기에는 공부가 너무 따분하다. 특히나 수학은 그 언어와 표현이 많이 경직되어 있다. 수학적 감각이 있는 아이 입장에선 괜찮다. 하지만 수학을 싫어하는 학생 입장에서는 수학의 모든 것이 싫을 것이다. 그래서 흥미를 유발하는 요소가 필요하다.

수학을 잘하는 아이의 입장에서도 마찬가지이다. 흥미가 생기면 더 잘할 수 있다. 어떤 요소들이 수학 공부에 흥미를 더해줄까?

공부를 잘하는 학생이라면 잘하는 친구들끼리 공부하는 것이 도움이 된다. 서로 문제 풀이를 공유하면 자연스레 시야가 넓어진다. 모두가 어려워하는 문제가 있을 때, 같이 고민하는 것도 도움이 된다. 답을 내더라도 너무 '노가다'로 냈을 경우, 쉬운 풀이를 연구하는 것이 서로에게 자극이 된다.

나는 고등학교 2학년 때 수학을 잘하는 친구들과 같이 문제를 풀었다. 어려운 문제가 있으면 어떻게 푸는 것이 가장 효율적일지를 고민했다. 그 과정에서 풀이에 대한 최적화가 많이 이루어졌다. 같이 고민하며 서로 '윈윈'하는 것이다.

친구들끼리 친해지면 서로 비판도 많이 하게 된다. 비난이 되면 안 되겠지만 건전한 비판은 도움이 된다. 지적을 받지 않기 위해 문제를 더 깔끔하게 잘 풀려고 노력하게 된다. 게다가 같이 문제를 풀면 노는 것 같다는 느낌도 들어서 좋았다. 같이 게임을 하는 것보다 훨씬 생산적인 모임이 되는 것이다.

쉬는 시간엔 칠판에 분필로 문제를 풀곤 했다. 칠판에 크게 풀이를 쓰면 모두 같이 보고 고민할 수 있기 때문이다. 선생님이 된 것 같은 기분이 들어 재미도 있었다.

한 번은 친구가 $x+x+\cdots+x=x^2$ 인데 양변을 미분하면 $x=1+1+\cdots+1=2x$라서 모순이 된다고 한 적이 있다. 조금만 생각해보면 x가 자연수여야 처음 식이 성립하므로 두 번째 식으로 넘어갈 수 없다. 이러한 넌센스 문제를 풀며 미분이란 무엇인가 고민도 해보았다.

이처럼 친구들과 자유로운 공부 분위기를 조성했다. 공부는 이렇게 해야 한다. 결국 당시 같이 공부하던 친구들은 모두 명문대에 입학했다.

공부를 잘할수록 주변에서 문제를 풀어달라는 친구들이 많이 생길 것이다. 나는 한때 친구들에게 문제를 풀어주는 것에 대한 고민을 했다. '그 친구들이 모두 내 경쟁자인데, 내 노하우를 알려주는 것이 득이 될까?'라는 생각 때문이었다. 그리고 알려주는 동안 나는 내 공부를 못 하니 손해일 수 있다고 생각했다.

친구에게 도움을 주는 것은 실보다 득이 많다. 문제를 풀어주면서 나도 머릿속으로 관련 개념을 한 번 정리할 수 있게 된다. 그럼 나는 한 단계 더 성장하는 것이다. 물론 낮은 확률로 그 친구가 나보다 시험을 잘 봐서 내가 등급이 떨어질 수도 있다. 라이벌이면 더 그렇다. 하지만 라이벌과 같이 공부하면 나도 배우는 것들이 생기게 된다. 내가 모르는 것을 그 친구가 알려줄 수도 있는 것이다. 결국 같이 발전하게 된다.

이런 것을 걱정할 만큼 입시는 치열하다. 친구들 사이에 서운함을 느끼거나 우정에 금이 가는 경우도 종종 볼 수 있다. 안타까운 일이다. 멀리 내다보고 서로 보완이 되는 관계가 제일 좋다. 질문하는 사람은 그에 대한 보답을 해야 한다. 라이벌이라면 더더욱 그렇다. 아이스크림이라도 하나 사줘야 한다. 그래야 의가 상하지 않을 수 있다.

흥미를 주는 요소를 찾아 나서라

남에게 설명하기 위해선 해당 개념을 완벽하게 알아야 한다. 그래서 실제로 선생님이나 강사도 수학 공부를 많이 한다. 정확하게 알려주기 위함이다. 그리고 그 과정에서 실력이 훨씬 더 늘어남을 경험한다. 나는 '이 방법을 공부에 써먹을 수 없을까?' 고민해본 적이 있다.

대학교 전공 공부를 하며 개념들을 빠른 시간 안에 받아들이고 싶었다. 나는 허공에 대고 내가 교수님인 것처럼 수학 개념을 설명했다. 괜찮은 방법이라 생각했지만 몇 분 하다가 관두게 되었다. '혼자서 뭐하고 있지.'라는 생각이 들기 때문이다. '알려주기 공부법'은 혼자 실행하기엔 무리가 있는 전략이었다. 이처럼 공부에 흥미를 갖기 위한 방법 연구는 끝이 없다.

전달력이 좋은 강사를 만나는 것은 공부에 큰 도움이 된다. 내가 고등학교 2학년 때 수학 선생님이 기억에 남는다. 굉장히 유머러스하셨고 수학을 재미있게 알려주셨다.

등비수열 $\{ar^{n-1}\}$을 첫 번째 항부터 무한히 더하면 $\frac{a}{1-r}$ 을 얻는다. (단, $-1 < r < 1$)

이때 수학 선생님은 $\frac{a}{1-r}$ 값을 특유의 동작과 함께 설명해주셨다. 손을 턱에 대고 꽃받침을 만들면서 '일 마이너스 알분의 에이!'라고 외쳐야 한다. 우리는 웃으면서도 따라 했다. 이 공식은 절대로 잊히지 않았고, 지금도 수업할 때 나는 같은 동작을 반복한다.

고등학교 때 친구들은 인터넷 강의를 많이 들었다. 스타 강사라는 개념이 생기기 시작하던 무렵이었다. 학원 강사 시장에서는 실력이 없으면 살아남을 수 없다. 여기서 실력이란 단순이 학문적 역량을 이야기하는 것이 아니다. 학생들이 학문을 잘 받아들일 수 있게 떠먹여주는 것에 도가 터야 한다는 것이다. 전국에서 유명한 스타강사들은 강사들 사이에서도 높이 올라간 분들이다. 실력 외에도 강의 전달력이 어마어마한 것이다.

한 친구는 전 과목을 다 인터넷 강의를 들으며 공부했다. 그리고 항상 각 과목 강사들을 흉내 내고 다녔다. 그만큼 강사의 팬이 된 것이다. 강사가 지구가 네모 모양이라고 말하면 믿을 정도로 추종자가 되었다.

내가 그냥 외웠던 다양한 공식을 그 친구는 노래하듯 외웠다. 국어에서 고전시가는 리듬을 타며 익혔다. 수학 공식도 단어를 축약해가며 외웠다. 화학에서 탄소화합물과 같은 단원은 외울 게 특히 더 많다. 그 친구는 강사의 암기법을 본받아 잘 외웠고, 잘 기억해냈다.

단순히 암기만 잘한 것이 아니다. 유명 강사의 커리큘럼을 따라가면서 열심히 공부했고, 무섭게 성적이 올랐다. 이처럼 좋은 강사나 선생님을 만나는 것은 공부에 큰 도움이 된다.

공부를 잘하려면 흥미 요소를 찾는 것이 중요하다. 좋은 친구들을 만나는 것이 필요하다. 또한 좋은 선생님을 만나는 것도 큰 영향을 준다. 하지만 이 모든 것은 결국 수단일 뿐이다. 결국 공부는 혼자 하는 것이고, 최고의 흥미 유발 요소는 바로 성적이다.

친구들과 공부를 하면서도 내가 잘해서 칭찬을 들을 때 더 힘이 난다.

더 칭찬받고 싶어서 더 알려주게 된다. 강의를 들으면 성적이 올라야 한다. 그래야 그 강사를 믿고 더 열심히 하게 되는 양성 피드백이 시작되는 것이다. 공부가 너무 안 된다면 자신의 공부법을 돌이켜보자. 그리고 변화를 주어 흥미를 가져보자. 믿을 수 없을 만큼 폭발적인 변화가 일어날 것이다. 지금 당장 공부에 흥미를 줄 것을 찾아 나서라.

07

'어떻게'가 아닌 '왜' 공부하는지를 생각하라

/

"의욕적인 목표는 인생을 즐겁게 한다."
–로버트 슐러(미국의 선교사)

고등학교 공부는 교양이다

모임에서 나를 수학 강사라 소개하면 항상 듣는 말이 있다.

"저는 수학 잘 못했는데 대단하시네요."

수학을 잘하는 사람은 많이 없다. 수학은 쉬운 학문이 아니다. 수학을 잘하는 사람들조차 자기가 잘한다고 잘 이야기하지 않는다. 그래서 충분히 이해가 되는 반응이다. 간혹 덧붙여 이렇게 말하는 사람들이 있다.

"수학 그거 배워서 어디에 써먹나요? 사칙연산만 잘하면 되지 않나요? 저는 미적분을 모르고도 잘 먹고 잘 삽니다."

틀린 말은 아니다. 잘 먹고 잘 살려면 공부 외에도 길은 많다. 하지만 그런 관점이라면 다른 과목도 마찬가지이다. 고등 국어를 몰라도, 영어를 못해도, 사회와 과학에 대한 지식이 없어도 살 수 있다. 그럼 공부는 왜 해야 할까?

공부를 왜 해야 하냐고 물었을 때 속 시원하게 답해주는 사람이 있는가? 적어도 내 주위엔 없었다. 가장 많이 들은 답변은 '좋은 대학에 가기 위해서'이다. 명문대를 가고 대기업에 가야 돈도 많이 벌고 잘 살 수 있다는 어른들의 말이다. 어찌 보면 가장 현실적이면서도 정확한 답변이다. 하지만 슬프다. 열심히 미적분을 풀고, 비문학을 분석하고, 영어 단어를 외우는 것이 고작 대학 입학 때문이라니?

사실 고등학교 때 배우는 내용들은 대학에 가서도 많이 쓰인다. 정확히는 전공 공부를 위한 베이스 지식이라고 보면 된다. 고등 내용을 모르면 아무것도 할 수가 없다.

대학 졸업 후 다양한 진로가 펼쳐진다. 대학원을 간다는 것은 학문의 끝으로 가겠단 것이다. 취직을 하면 실무를 배우게 된다. 보통 실무는 대학교 때 배운 것과 다른 내용이다. 선행을 할 수가 없다. 하지만 고등학교 및 대학교에서 배운 내용들이 바탕이 된다. 그것들을 모르면 아무 것도 할 수가 없다.

간혹 전공과는 전혀 무관한 진로를 선택하는 사람이 있다. 수학과를 예로 들면 의학전문대학원을 가는 사람들도 있고, 사법고시로 변호사가 된 사람들도 있다. 새로운 꿈이 생겼기에 수학과 전혀 다른 진로를 택한 사람들이다. 그들은 열심히 준비하고 합격한다.

고등학교 때 배우는 내용들은 다양한 방면에서 도움이 된다. 지금 나는 원고를 쓰고 있다. 기본적인 맞춤법과 어휘를 모르면 이상한 글이 나오게 된다. 다양한 표현법도 알아야 한다. 국어 공부를 제대로 안 하면 책을 쓰고 싶어도 못 쓰는 것이다.

맞춤법도 중요하다. 맞춤법을 100% 지킬 수 없지만 너무 틀리면 사람이 없어 보인다. 나는 특히나 사람들이 '굳이'를 '구지'라고 쓰는 것을 보면 참을 수가 없다. 학벌이 좋을 필요는 없어도 최소한의 맞춤법은 안 틀리는 것이 보기 좋다.

외국에서 살 때는 고등학교 때 배운 영어 지식이 많은 도움이 되었다. 우리나라 영어 교육은 회화에 취약하다. 하지만 반대로 말하면 회화 외의 부분은 강해지는 것이다.

아일랜드에서 영어 학원을 다닐 때였다. 공부를 잘하는 유럽 친구들보다 문법, 단어, 독해 능력에서 내가 월등히 앞섰다. 수능 공부를 열심히 했기 때문이다. 다만 스피킹과 리스닝 부분에서는 많이 부족했다. 그들과 친하게 지내며 서로의 약점을 보완해줬다. 유럽 친구들은 나에게서 문법과 어휘를 배웠고, 난 그들에게 커뮤니케이션을 배웠다.

성인이 되면 교양 공부를 하기가 쉽지 않다. 한자와는 담을 쌓게 된다. 역사 지식들도 마찬가지이다. 내가 가지고 있는 지식의 대부분은 고등학교 때 쌓은 것이다. 그만큼 고등 교육은 중요하다. 공부는 기본적인 교양을 갖추는 데 그 의의가 있다.

공부를 해야 하는 또 다른 이유: 경쟁 사회

실제로 교양 공부라고 하기에 고등학교 생활은 너무 치열하다. 모든 과목을 필요 이상으로 깊게 배우기 때문이다. 성인이 돼서 필요한 것 이상으로 시험은 어렵다.

유튜브를 조금만 검색해보면 재미난 실험들을 볼 수 있다. 어떤 방송을 보면, 현직 의사 10명이 '생물1 수능 기출' 시험을 본다. 50점 만점에 10점을 넘는 사람이 없었다. 다들 공부라 하면 손꼽히게 잘하셨던 분들이다. 게다가 현재 직업과 관련성이 가장 큰 '생물' 시험을 봤다. 실무와 고등학교 시험은 차이가 있다는 사례이다.

영어권 외국인들이 수능 영어를 풀고 "너무나 어렵다. 이런 영어는 쓰지 않는다."라고 말하는 영상도 많이 있다. 수능 영어를 쉽게 출제하면 변별력이 사라지기에 이러한 일들이 벌어진다.

하버드 이과생들이 수능 수학을 어려워하는 영상도 유명하다. 입시에서 배우는 수학은 수학과에서 배우는 것과는 조금 다르다. 수학과에서는 원리와 증명 위주로 공부를 한다. 하지만 입시 수학에서는 문제를 꼬아서 문제를 위한 문제들을 만들어놓는다. 수능 수학 킬러 문제를 공부하는 것이 대학교 수학을 공부하는 데 큰 도움이 된다고 생각하지 않는다.

그렇다면 결론은 무엇일까? 안타깝게도 답은 정해져 있다. 바로 우열을 가리기 위함이다. 경쟁이 과열되면 우열을 가려야 한다. 시험이 쉬우면 1등급을 변별할 수 없다. 시험이 어려워지는 이유이다. 대학에서 뽑는 인원은 한정되어 있기 때문이다. 따라서 공부를 왜 해야 하는지 묻는 것은 우문이다. 공부가 필요한 길을 가고 싶고, 경쟁상대를 이기고 싶으면 열심히 해야 하는 것이다. 그 길을 가기 싫으면 안 해도 되는 것이다. 그래서 목표 설정이 중요하다.

목표는 내가 후회하기 싫은 것으로 정해야 한다. 원하는 대학, 원하는 학과, 원하는 직업이 있다고 하자. 그리고 내가 그것을 이루지 못하면 평생 후회할 것 같다는 생각이 든다고 하자. 그러면 공부를 열심히 할 수밖에 없다. '왜 공부를 해야 하지?'라는 질문은 절대 하지 않게 된다. 그때부턴 '어떻게 공부해야 하지?'라는 생각만 남게 된다.

우리는 미래를 내다보는 능력이 없다. 미래에 내가 후회할지, 안 할지 판단하기 어려운 것이다. 그럴 땐, 사회 분위기나 내 주변 지인들을 보면 된다.

나의 경우엔 주위에 명문대를 나오지 못해서 후회하는 사람들이 많았다. 즉 학벌 콤플렉스가 있는 사람들이었다. 그들 중 일부는 뒤늦게 편입을 하거나, 대학원에을 가서 극복을 했다. 피해의식에 물들어서 자기 방어를 하는 사람들도 많았다. 그런 사람들은 명문대를 간 사람들을 깎아내리곤 했다.

명문대를 가고 싶다면 열심히 하면 된다. 음악을 잘하거나, 디자인 실력이 뛰어나거나, 다른 능력들을 키우고 발휘하고 싶다면 공부를 너무 잘할 필요가 없다. 공부를 왜 잘해야 하는지는 나의 꿈과 관련이 있는 것이다.

내가 서울대에 가고 싶었던 이유는 '멋있어 보였기 때문'이다. 또한 잘하는 게 없었기 때문이기도 하다. 음악도 못하고 체육도 못한다. 미술 감각도 없고 연예인이 될 끼도 없다. 투자를 잘하는 것도 아니고 센스가 있는 것도 아니다. 물건을 사고파는 상인의 기질도 없다. 내가 잘하는 건 없었다. 잘할 수 있는 것이 공부밖에 없었다. 그래서 목표를 대학 입시로 정하고 공부했던 것이다.

서울대를 간다고 인생에서 성공을 맛보는 것이 아니다. 수많은 관문

중 첫 번째 관문만 겨우 통과했을 뿐이다. 설령 당신이 마음에 들지 않는 학교를 들어간다고 해서 인생이 실패한 것은 절대 아니다. 사람마다 재능이 다르고 잘할 수 있는 것도 다르다. 대학만 가지고 사람을 평가해서는 안 된다.

하지만 우리 사회는 학벌, 스펙 등으로 사람을 평가하고 선발한다. 그리고 남을 판단한다. 그러한 풍토가 바뀌어야 함에 동의한다. 하지만 한편으론, 더 나은 사람을 선발하기 위해서는 어쩔 수 없다는 생각이 들기도 한다. 믿을 만한 정량평가는 스펙이기 때문이다.

왜 공부를 해야 할까? 정답은 정해져 있다. 당신이 공부를 잘하지 못했을 때 마주하게 될 현실과 결과들이 있다. 그것들을 감내할 수 있다면 안 해도 된다. 공부와 다른 길을 간다면 안 해도 된다. 하지만 그럴 자신이 없다면, 한 번 사는 인생 후회 없이 공부해야 한다.

아직도 갈팡질팡하고 있는가? 어서 빨리 '왜'를 해결하자. '왜'가 해결되는 순간부터 앞으로 나아갈 수 있기 때문이다. 왜 공부해야 하는지 알게 되면 어떤 풍파가 와도 결국 목표를 향해 도달하게 될 것이다.

마법같이 수학이 쉬워지는 Q&A

수학 시험에 트라우마가 생겼는데 어떻게 하죠?

(시험 때 너무 긴장해서 실력보다 점수가 안 나오던 C학생)

실력에 비해 멘탈이 약한 학생들이 종종 있습니다. 평소 학원 모의고사에서는 우수한 성적을 보여주지만 실전에서 약한 스타일인 거죠. 이런 경우 남들보다 여리고 섬세한 성격인 경우가 많고, 시험에 대한 부담감도 크게 느낍니다. 해결책은 실력과 마인드입니다. 실력이 월등해지면 긴장도 덜 합니다. 120점 받을 실력이면 실수를 조금 해도 100점이 되는 것이지요.

마인드는 최대한 편안한 상태를 만들어야 합니다. 이런 학생들은 평소 어려운 문제를 봤을 땐 그러려니 하다가 시험장에서 어려운 문제를 보면 긴장을 크게 느끼죠. 못 풀면 인생이 큰일 날 것 같다는 생각이 들며 손가락이 안 움직이고 머리가 굳습니다. 시간은 째깍째깍 야속하게 흐릅니다. 긴장을 하는 것과 시험 성적은 '독립'이라는 최면을 걸고 최대한 편안하게 임해야 합니다.

mathematics

CLASS 3

평범한 내가 서울대에 합격한 8가지 공부 비결

01

공부에도 예열이 필요하다

/

"성공으로 가는 엘리베이터는 고장입니다.
당신은 계단을 이용해야만 합니다.
한 계단 한 계단씩"
–조 지라드(세계 최고의 자동차 판매왕)

주어진 시간 안에 빠르게 집중하는 법

하루에 몇 시간씩 공부해야 원하는 대학에 갈 수 있을까? 많은 고등학생들 궁금해하는 부분이다. 나도 고등학생 시절 동기부여를 얻기 위해 성공한 사람들의 후기를 많이 찾아봤다. 명문대를 합격하거나 사법고시와 같은 어려운 시험을 통과한 사람들은 합격수기를 남기기도 한다. 고시 3관왕으로 유명한 '고승덕' 변호사는 하루에 17시간씩 공부하고, 잠은 7시간씩 잤다고 한다. 잠자는 시간 외에는 공부만 한 것이다. 정말 대단하다고 할 수밖에 없다.

'사당오락'이라는 말이 있다. 명문대에 합격하려면 '4시간 자면 붙고, 5

시간 자면 떨어진다.'라는 것이다. 정말로 독하게 공부해야겠다는 생각이 드는 말이다. 반면 하루 순수 공부 시간이 5시간 이상만 되면 가능하다고 주장하는 사람들도 많았다.

학교가 끝나고 집에 가면 6시가 되기 전에 도착했다. 보통 12시에 취침하였으므로, 6시간 이상의 공부 시간이 확보되었다. 5시간 공부했다는 사람들을 보며 '5시간 정도면 너무 쉬운데?'라는 생각을 했다. 하지만 내가 공부했던 시간들을 타이머로 재보니 쉽지 않다는 것을 바로 알게 되었다.

시간이 충분히 확보되어도 그 시간을 제대로 활용하지 못하는 데는 몇 가지 이유가 있다.

첫째로 시험이 멀었기 때문이다. 누구나 시험 기간에는 공부를 열심히 한다. 시험 전날의 6시간과 평소의 6시간은 공부의 질이 다르다. 평소에 공부를 안 하는 아이도 시험 전날에는 정말 열심히 한다. 시험 직전 보강 수업을 할 때 자주 보게 되는 광경이다. 그런 아이들에겐 평소에 열심히 좀 하라고 나무란다. 집중을 잘하는 이유는 간단하다. 당장 내일이 시험인데 너무나 공부를 안 했기 때문이다! 나도 이와 같은 시행착오를 많이 겪었다. 중학교 때 벼락치기로 시험공부를 하며 초조함과 불안함을 많이 느꼈다. 시험 전날, 시험은 잘 보고 싶고 해놓은 것은 없을 때의 그 기분은 정말 싫다.

그래서 나는 시험 전날 스트레스를 덜 받기로 다짐했다. 시험 전날 우울해하는 내 모습을 상상하며 공부했다. 그랬더니 저절로 공부가 잘되었다. 고1 때 선생님들이 항상 하시던 말씀이 있다. 고3이 되면 열심히 공부하게 되는데, 그때는 이미 늦었다는 것이다. 즉, 지금부터 열심히 하라는 것이다. 대부분의 아이는 이 말을 흘려들었지만 난 달랐다. 고1도 고3처럼 보내야겠다고 다짐한 것이다. 고3이 되고 난 뒤 절대로 '고1 때 열심히 할 걸.'이라는 멍청한 생각은 안 하기로 말이다. 그래서 안정적인 고1 생활을 할 수 있었다.

둘째로 집중을 방해하는 요소가 있기 때문이다. 대표적인 것이 게임이다. 나는 게임을 매우 좋아했다. 특히나 '스타크래프트'라는 고전 게임을 많이 했다. 나는 내기를 좋아한다. 누군가에게 지는 것을 매우 싫어한다. 상대가 나를 압도적으로 이기면 괜찮다. 하지만 비등비등하거나 상대가 나보다 약간 잘했을 경우 내가 지면 너무나 분하고 화가 난다.

학교 끝나고 집에 오면 1시간 정도 게임을 했다. 저녁까지 먹고 조금 쉬다 7시에 독서실에 도착한다. 그럼 12시까지 5시간의 공부 시간이 주어진다. 하지만 처음 30분 동안 나는 게임을 복기했다. 상대에게 왜 졌는지 고민하고 피드백을 했다. 독서실은 고요했다. 게임을 분석하기에 최적의 장소였다. 아무도 방해하지 않았다. 그러다 보니 상당한 시간을 날려버리게 되었다.

나와 같이 전투적으로 게임을 하지 않더라도 게임은 공부에 도움이 되지 않는다. 게임의 잔상이 머릿속에 남기 때문이다. 공부를 하다가 쉬는 시간엔 제대로 쉬어야 한다. 그런데 일부 학생은 게임을 하는 것이 쉬는 것이라 생각한다. 오히려 에너지 소모가 더 되고 이후의 공부 시간에 집중하는 데 오랜 시간이 걸리게 된다. 목표를 이루고자 한다면 게임을 끊는 것이 좋다.

두뇌를 빠르게 예열하는 나만의 방법

나는 수학 공부를 하다가 재미있는 사실을 하나 발견했다. 문제집에서 고난이도의 문제를 푸는데 어떤 날은 잘 풀리고 어떤 날은 잘 풀리지 않았다. 서로 비슷한 유형의 문제들이었고 같은 단원인데도 말이다. 원인은 집중력의 차이에 있었다.

쉬운 수학 문제들에는 집중력이 크게 필요가 없다. 예를 들면 『쎈 수학』과 같은 문제집에서 A스텝 문제들이다. 개념을 알면 풀고, 모르면 못 푸는 것일 뿐 딱히 집중할 필요가 없다. 하지만 사고력을 요하는 문제에서는 아이디어가 필요한 경우가 많다. 좋은 아이디어는 집중력에서 나온다. 집중이 잘될 때 어려운 문제도 잘 풀리는 것이다.

책상에 앉자마자 바로 집중이 잘되지 않았다. 하지만 공부를 좀 하다 보면 어느 순간 집중이 매우 잘 되는 것이 느껴졌다. 나는 이 과정을 '예열'이라고 생각했다. 운동을 하기 전엔 몸에 무리가 가지 않게 준비운동을 해야 한다. 한 겨울에 차를 몰려면 시동을 미리 걸어두는 것이 좋다. 집중이 잘되기까지 몸을 공부할 수 있는 상태로 만드는 것이다.

학원 강사 일을 하면 아이들에게 종종 수학 문제를 풀 시간을 준다. 자습시간도 많이 가진다. 성적이 좋은 아이들은 바로 집중해서 문제를 풀어낸다. 공부를 잘하는 아이들은 남들보다 예열되는 시간이 짧은 것이다. 선천적으로 집중을 잘하는 아이들이 있는 반면 나처럼 산만한 아이들도 많다. 그래서 나는 스스로 예열하는 방법을 터득했다. 공부 시간이 짧은 경우에는 예열을 할 필요가 없다. 그러나 3시간 이상이 확보된 경우에는, 그 시간을 어떻게 보내느냐가 너무나 중요하다.

그렇다면 나는 어떻게 예열을 했을까? 처음엔 간단한 것들을 공부했다. 영어를 공부하는 경우에는 독해하기 전 단어를 외웠다. 영어 단어를 외울 때 연습장에 쓰면서 외우는 게 좋다는 사람이 있고 그럴 필요가 없다는 사람이 있다. 나는 연습장에 쓰면서 외워야 스펠링까지 제대로 외워졌다. 별생각 없이 입으론 영어단어를 읽고, 손으로는 연습장을 채워갔다. 머리보다는 몸을 풀었다고 보는 것이 맞겠다. 이후 공부 흐름이 생기면 독해를 시작했다.

수학 공부를 할 땐, 중하 난이도의 문제들을 먼저 풀었다. 어렵진 않더라도 시험을 잘 보기 위해선 꼭 풀어봐야 하는 것들이다. 이때는 MP3로

음악을 들으며 공부했다. 쉬운 문제들을 풀며 두뇌가 좀 돌아간다 싶을 때 어려운 문제들을 풀었다. 그러면 훨씬 집중이 잘됐다.

간혹 공부할 때 음악을 듣는 것이 좋은지에 대한 질문을 받는다. 단순하고 쉽지만 반복 훈련이 필요한 공부를 할 땐 들으라고 한다. 생각을 많이 해야 하는 공부를 할 땐 듣지 말라고 조언한다. 공부법에 정답이 없으니 본인 성향에 맞게 판단하길 바란다.

약간의 잠도 큰 도움이 되었다. 집중을 하려고 하면 이상하게 처음에 졸리고 잠이 왔다. 나는 평범한 아이들과 비교했을 때 엄청나게 잠이 많은 학생이었다. 그래서 책상에 엎드려서 15분 정도 잤다. 잠이 깨면 더 자고 싶은데, 이때는 관성 때문에 잠이 오는 것이다. 그래서 세수를 하고 와서 공부를 했다. 그러면 정신이 매우 맑아지고 무슨 내용을 보더라도 머리에 쏙쏙 들어왔다.

같은 공부 시간이 주어져도 시간을 버리는 학생이 있고, 잘 활용하는 학생이 있다. 공부를 잘하는 학생일수록 빠르게 집중하여 순도 높은 시간을 보낸다.

본인이 산만한 학생이라면 내가 했던 노력들을 해보자. 365일이 시험기간이라고 생각해라. 방해요소를 제거하라. 특히 게임은 줄이는 게 좋다.

공부할 땐 적절한 예열을 통해 시간 활용을 극대화하라. 너무 피곤하다면 꿀잠을 자자. 하지만 너무 많이 자면 안 된다.

집중하는 방법은 연습을 통해 터득할 수 있다. 집중력을 컨트롤할 수 있다면 당신의 성적은 훨씬 더 오르게 될 것이다.

마법같이 수학이 쉬워지는 Q&A

겨울방학 때 선행은 얼마나 하는 게 좋나요?

(겨울방학을 앞둔 고1 P학생)

보통 선행은 한 학기에서 1년 정도 앞서 합니다. 하지만 선행의 정도는 정답이 없습니다. 본인 학교 커리큘럼에 따라 다르며, 실력에 따라 다르죠. 실력이 월등하면 고1이 되기 전 미적분까지 다 하면 좋습니다. 만약 고1 수학도 안 되어 있으면 무리한 선행 대신 고1 과정을 깊게 보는 것이 좋지요. 선행을 할 때의 마인드는 '개념을 완전히 이해하자'여야 합니다. 사람마다 개념에 대해 납득하는 속도는 다릅니다. 시험기간에 개념 이해가 생각보다 오래 걸리면 다른 공부를 할 시간이 부족해지기 때문이죠. 너무 어려운 문제까지 풀 필요는 없습니다. 예를 들어 중복조합을 미리 공부한다면 많은 문제를 풀기 이전에 개념을 정확히 아는 것이 좋습니다. 조합(combination)과의 관계 및 부등식을 통한 정의, 왜 중복조합은 $a_1 + \cdots + a_n = k$꼴에서 정수해의 개수를 세는 것인지 미리 정확하게 이해하세요.

02

내가 싫어하는 파트가 나의 약점이다

/

"나의 가장 큰 특징은 자기 극복이다."
–니체(독일의 철학자)

날 잡고 약점을 극복해보자

"저는 수학이 싫어요."

수업을 하다 보면 간혹 이런 말을 하는 아이들이 있다. 수학이 좋은 사람들보다 싫은 사람이 훨씬 많을 것이다. 수학이 싫다는 아이들은 부모님의 강요로 학원에 온다. 이런 경우는 가르치는 사람, 배우는 학생 둘 다 힘들다. 동기부여가 먼저 되어야 한다. 공부는 그다음이다.

수학 전체가 싫진 않지만 특정 부분이 싫을 수 있다. 그냥 싫은 경우와 잘 못해서 싫은 경우가 있다. 싫으면 공부를 안 하게 되므로 성적이 떨어진다. 잘 못하는 경우에도 성적은 당연히 안 나온다. 즉, 어느 경우든 결과가 좋지 못하다.

일반적으로 싫은 것은 그냥 안 하면 된다. 하지만 그것이 꼭 해야 하는 것이면 상황은 달라진다. 공부를 잘하려면 공부를 꼭 해야 하는 것으로 인식해야 한다. 따라서 싫어하는 파트를 공략해야 한다는 숙제가 생기게 된다. 어떻게 하면 싫어하는 파트를 극복할 수 있을까?

나는 국어라는 과목을 굉장히 싫어했다. 내 기준에서 문제가 명확하지 않았기 때문이다. 제일 싫었던 문제 유형은 '가장 알맞은 것은?'이었다. 내가 생각할 때는 보기 3번도 정답인데 답이 2번으로 되어 있는 경우가 있다. 해설을 봐도 납득이 되지 않는 경우가 많았다. '가장 알맞다.'라는 것의 기준에 대한 고민을 혼자 많이 했다.

그래서 혼자서 화가 나는 경우가 많았다. 학원을 다니지 않고 공부하니 어디 하소연할 곳이 없었다. 학교 친구들은 문제에 대한 내 고민에 별로 관심이 없었다. 궁금한 게 많아서 일일이 선생님에게 물어볼 수도 없었다. 누군가 나타나서 내 논리와 생각이 왜 틀린지 이야기해주길 바랐다.

수학은 답이 명확하다. 내가 틀리면 틀린 이유를 충분히 납득할 수 있다. 기본 공리 체계를 인정한다면 말이다. 내가 틀려도 변명할 것이 없다. 국어는 그렇지 않았다. 문제를 틀리면 누군가에게 변명을 하고 싶어졌다.

시간이 많은 방학 때 국어를 집중적으로 공부하기로 마음먹었다. 문제를 틀리면 왜 틀리는지 많은 분석을 했다. 거기서 얻은 결론은 내가 대중과 생각하는 코드가 다르다는 것이었다. 사람들은 A라는 글을 보고 보편적으로 A'을 생각한다. 하지만 나 혼자서 C를 생각하고 있는 수준이었다. '타협'을 하기로 마음먹었다. 내 생각과 의지를 버리고 출제자가 생각한 의도대로 답을 고르자고 결심했다. 마음속으로 출제자를 욕하다가 순응하기로 한 것이다. 그렇게 공부해서 마침내 고3 9월 모의고사에서 언어영역 100점을 받게 되었다. 어느 순간부터 국어는 자신 있는 과목 중 하나가 되어 있었다.

수학은 국어보다는 나았다. 하지만 싫은 파트들은 있었다. 대표적으로는 경우의 수를 구하는 문제를 좋아하지 않았다. 정석적인 풀이라는 게 없었기 때문이다. 대부분의 수학 문제는 정석적인 풀이 방법이 존재한다고 믿었다. 예로 미적분 같은 과목은 보통 정석 풀이가 존재한다. 물론 실력이 좋으면 더 빠른 풀이로 풀 수 있다.

하지만 경우의 수는 아무리 쉬운 문제라도 2~3가지 풀이 방법이 있다. 정석적인 풀이를 익힌 뒤, 다양한 스킬을 배우고 싶었다. 그러한 나의 공부 성향이 걸림돌이었다.

'서로 다른 5개의 물건을 서로 다른 3개의 방에 빈방 없이 넣는 경우의 수를 구해라.'는 문제를 풀어보자. $(2, 2, 1)$개, $(3, 1, 1)$개씩 조를 나누면 된다. 각각 ${}_5C_2 \times {}_3C_2 \times \frac{1}{2!} = 15$, ${}_5C_3 \times {}_2C_1 \times \frac{1}{2!} = 10$가지 경우의 수가 있다. 둘을 더하면 25가지 방법을 얻는데, 서로 다른 3개의 방에 분배해야 하므로 $25 \times 3! = 150$가지가 정답이다.

이 문제는 집합 X, Y에 대하여 $n(X) = 5$, $n(Y) = 3$일 때, 가능한 전사함수(공역과 치역이 같은 함수) $f: X \to Y$의 개수를 구하는 것과 같다. 공역의 원소들이 모두 선택을 받아야 하므로 포함 배제의 원리를 적용하면 $3^5 - {}_3C_1 \times 2^5 + {}_3C_2 \times 1^5 = 150$가지를 얻는다.

스털링 수 $S(5, 3) = 25$인 것을 외우고 있으면 $S(5, 3) \times 3! = 150$라고 풀 수도 있다.

이처럼 경우의 수는 문제 특성상 다양한 풀이가 존재한다. 그래서 내가 사용한 풀이가 정석인지에 대한 확신이 없었다. 또한 가능한 모든 풀이를 알지 못한다는 것도 답답했다. 공부를 해야겠다는 생각이 들었다.

그래서 다양한 풀이를 연구했다. 하나의 문제를 풀더라도 2가지 이상의 방법으로 풀어보았다. 공부를 하다 보니 다양한 테크닉을 알게 되었다. 점화식 세우기, 포함배제의 원리, 더블 카운팅, 염색, 불변량, 일대일대응의 원리 등 다양한 기술을 알게 된 것이다. 그것들을 모두 흡수하니 크게 실력향상이 되었다. 이후 확률과 통계는 자신 있는 과목이 되었다.

싫은 파트를 보완하는 나만의 방법

싫어하는 파트는 어떤 식으로든 극복해야 한다. 조합이 싫은 사람이 있고 기하를 싫어하는 사람이 있다. 도형의 방정식을 싫어하는 사람이 있고, 인수분해를 싫어하는 사람이 있다. 격자점 세기 문제는 모두가 싫어한다.

그렇다면 어떻게 약점을 보완할 수 있을까? 몇 가지 방법을 생각해보자.

첫째로 양을 늘려서 점수를 상승시켜야 한다. 당연한 말일 수도 있다. 하지만 보통 싫어하는 파트는 공부를 안 하게 되므로 성적이 안 나온다. 그럼 흥미를 잃는다. 그럼 공부를 안 하게 되는 악순환에 빠진다. 그리고 '나는 그 파트가 재미 없어.'라든가 '나는 재능이 없어.'라는 생각을 하게 된다. 자신의 부족한 실력을 합리화하게 된다. 굉장히 위험한 생각이다. 어떻게든 성적을 상승시켜 악의 연결 고리를 끊어야 한다.

나는 고등학교 때 영어 듣기평가를 잘 못했다. 단어 공부와 문법, 독해는 열심히 했으나 듣기 공부는 한 번도 안 했기 때문이다. 언어적 재능이 있는 아이들은 별다른 공부를 안 해도 결과가 좋았다. 하지만 나는 달랐다. 모의고사를 보면 독해는 다 맞고 듣기에서만 5문제를 틀려서 90점이 나왔다. 얼마나 부끄러운 일인가. 고3이 되어도 듣기 점수가 나아지질 않았다. 나는 특단의 조치를 내렸다. 고3 여름방학 때, 하루에 듣기만 4

시간씩 공부했다. 어려운 듣기 문제집 하나를 풀었다. 영어가 안 들리면 MP3 구간 반복을 통해 특정 문장을 30분씩 들었다. 양보다는 질로 승부했다. 네 문제를 푸는 데 평균 1시간이 걸렸다. 결국 고3 9월 모의고사에서 듣기 문제는 하나 틀리게 되었다. 내가 했던 방법과 노력의 보상이었던 셈이다. 방법에서의 확신을 얻은 나는 계속 듣기 공부를 이어나갔다. 그 결과, 수능시험에선 다 맞을 수 있었다.

둘째로는 흥미를 얻을 수 있는 외부 자극이 필요하다. 뛰어난 선생님은 최고의 자극이 될 수 있다. 특정 내용에 대한 새로운 접근과 신선한 설명이 도움이 되기 때문이다.

나는 통계 내용이 잘 와닿지 않았다. 개념을 읽고 이해를 해도 시간이 지나면 계속 잊어버렸다. 수학의 정석을 3번을 공부했는데도 체화가 되지 않았다. 양으로의 승부가 통하지 않았던 것이다.

통계가 내 약점이 되려던 찰나에 우연히 인터넷 강의를 듣게 되었다. '한석원' 선생님의 인터넷 무료강의였다. 통계 개념 설명을 정말 잘해주셨다. 한석원 선생님의 '이항 분포' 정의는 그 문장이 꽤 길지만 아직도 기억에 남는다. 전달력이 좋은 강사의 가르침은 흥미를 유발할 수 있다. 강의 외에도 뛰어난 설명이 담긴 교재나 고수의 가르침은 좋은 자극이 될 수 있다. 덕분에 통계에 대한 두려움이 사라졌다.

전 과목을 똑같이 분배해서 공부하는 학생은 거의 없다. 자신이 좋아하는 과목은 더 보게 되고, 싫어하는 과목은 덜 보게 된다. 그러한 공부 습관은 점수로 나타난다. 점수가 안 나오는 파트는 더 싫어하게 된다. 그러면 점수는 또 내려간다.

'싫다.'는 감정부터 없애야 한다. 스스로 세뇌당해서 안 해도 된다는 합리화만 가져온다. 내가 가장 싫어하는 파트가 나의 약점이다. 나는 국어가 싫었고, 영어 듣기가 싫었다. 싫어서 못한 것일 수도 있고, 못해서 싫은 것일 수도 있다. 어느 순간 나는 그것이 나의 약점이라 생각하고 보완하기로 마음먹고 실행해서 극복했다.

싫어하는 파트가 나의 약점이다. 거꾸로 생각해서 그 약점만 없애면 완전해질 것이다. 당장 약점을 강점으로 만들어라.

마법같이 수학이 쉬워지는 Q&A

기초가 부족한 예비 고2입니다. 고1 과정을 다시 봐야 할까요?

(실력이 부족한 고1 J학생)

예비 고2로부터 많이 받는 질문입니다. 이것은 어느 정도로 기초가 부족한지에 따라 다릅니다. 다항식이 뭔지도 모른다면 중등 수학부터 다시 해야 합니다. 만약 근의 분리 같은 것을 모른다면 그 부분만 다시 보면 됩니다. 즉, 기초가 살짝 부족한 정도면 얇은 문제집을 하나 사서 풀면 좋습니다. 혹은 예전에 풀었던 문제집이나 개념서 중 자신이 없었던 부분만 다시 보면 됩니다. 아예 기초가 없다면 중학 수학부터 시작하세요. 실력이 중상 이상이라면 메인 수업은 다음에 배울 내용이어야 합니다. 고1 복습은 서브여야죠. 고2, 고3 내용을 공부하다가 막히는 부분이 나오면 그때그때 그 부분만 찾아 복습해도 됩니다.

03

드림 킬러를 피하라

/

"어리석은 자와 가까이하지 말고, 슬기로운 이와 친하게 지내라.
그리하여 존경할 만한 사람을 섬겨라. 이것이 인간에게 최상의 행복이다."
—대길상경(불교경전)

부정적인 사람들은 성공한 사람의 수준을 이해하지 못한다

중학생 때였다. 시험이 끝나면 며칠 뒤 꼬리표라는 것을 받았다. '꼬리표'란 객관식 답에서 내가 틀린 문항들이 나오는 표로, 사실상 성적표나 다름이 없다. 성적표가 나오기 직전에 성적 확인 차원에서 나누어준다.

한 번은 평균 93점을 받았다. 전교권에 들기는 힘들지만 같이 노는 친구들 사이에선 월등히 좋은 점수였다. 한 친구가 큰 소리로 이야기했다.

"와! 인덕이 93점이야? 저 정도면 서울대도 가겠는데?"

그 친구는 공부를 잘 못하는 아이였다. 당연히 현실도 잘 몰랐다. 나는 잘 알고 있었다. 이 정도 점수나 실력으론 어림도 없고 전교에는 훨씬 뒤

어난 아이들이 많다는 것을. 거기까진 괜찮았다. 그러나 그때 한 친구가 말했다.

"야. 무슨 소리야. 저 정도론 서울대는 택도 없어."

맞는 말이다. 하지만 기분이 좋지 않았다. 내가 내 입으로 서울대를 간다고 말했던가? 나는 자랑한 적도 없는데 안 좋은 소리를 듣게 된 것이다.

성적이 좋으면 화제가 된다. 그리고 남들의 평가를 받게 된다. 대한민국은 경쟁이 치열하다. 남을 깎아내리는 것을 좋아한다. 실력이 있는데 겸손한 사람이면 환영받는다. 실력이 출중해도 우쭐대면 어떻게든 까인다.

만약 내가 그때 '난 갈 수 있거든?'이라고 했다면 더 까였을 것이다. 그럴 땐 조용히 있는 게 낫다.

나는 유튜브로 '위닝북스'의 권동희 대표의 영상을 즐겨 본다. 젊은 나이에 의식 확장을 통해 엄청난 부를 거머쥐신 분이다. 그분의 영상 중에 '성공하면 견뎌야 할 것 3가지'가 있다. 영상의 일부는 다음과 같다.

"우리가 높은 위치로 갈수록 나를 이해해줄 수 있는 사람은 적어진다. 성공한 사람은 고독을 겪게 된다. 대부분의 사람은 성공의 아래 단계에 있다. 그래서 성공한 사람이 겪은 일들과 수준을 이해하지 못한다."

나는 이 말에 깊게 공감했다. 내가 부자라는 이야기가 아니다. 공부를 하는 과정도 이와 비슷하기 때문이다. 공부를 잘하는 것은 때로 외로움을 가져다준다.

나는 고등학교 때 서울대학교에 너무 가고 싶었다. 인생의 목표까진 아니더라도, 3년은 목숨 걸고 공부하고 싶었다. 만약 가지 못하면 평생 후회할 것 같았기 때문이다. 우리 고등학교엔 공부를 안 하는 아이들이 많았다. 항상 공부 분위기를 흐리고 놀기 좋아하는 아이들이었다. 확고한 공부 의지가 없었더라면 그들에게 휩쓸렸을 것이다.

당시 가장 많이 들었던 말이 있다.

'고등학교 친구는 평생 간다.' '대학이나 사회에서 만난 사람들은 모두 피상적인 관계로 남는다.'

즉, 고등학교 인간관계가 가장 중요하니 친구들과 많이 놀라는 이야기다. 나는 이 말에 결코 동의하지 않는다. 사람은 자기의 성향이란 것이 있다. 그러니 성향이 잘 맞는 사람이 있고 그렇지 않는 사람이 있다. 고등학교 때는 같은 교실 안에서 같은 것을 목표로 공부한다. 그러다 보니 모두 친해진다. 하지만 세월이 지나면 나와 맞는 사람만 만나게 된다.

대학에서도 마찬가지이다. 나와 잘 맞는 친구들은 1년에 1~2번 만나도 매일 본 것처럼 편하다. 반면 성향이 다른 사람은 매일 만나도 친해질 수 없다. 물론 성인이 되고 일을 하면 새로운 사람을 만나고 친해지기 쉽지 않다. 만나는 시간과 기회 자체가 적어지기 때문이다. 하지만 친해질 사람은 친해지게 된다.

그렇다고 왕따처럼 공부하라는 이야기는 절대 아니다. 목표가 있고, 그것에 맞추어 공부를 해야 한다면 노는 것은 참아야 한다는 것이다. 친구들과의 우정 만들기는 같이 명문대에 가서 하면 된다. 시험이 끝난 직후 휴식 차원에서 노는 것은 괜찮다. 하지만 친구들과의 우정을 다 따지면 공부할 시간이 없다.

고등학교 친구들 중에 좋은 친구들은 결국 남게 된다. 하지만 대부분의 친구는 남지 않는다. 그리고 학벌은 평생 간다. 공부를 열심히 하는 것이 낫다.

훈련소에 있을 때 나는 22살이었다. 대학생이었지만 아직 꿈이 없었다. 25살에 군대에 온 한 친구가 있었다. 양아치 같은 사람이었다. 그는 나에게 꿈이 뭐냐고 물어봤다. 나는 솔직하게 아직 없다고 했다. 그 친구는 사람들 앞에서 큰 소리로 이렇게 말했다.

"서울대 나와도 별것 없네. 나처럼 돈 버는 게 최고다."

그 친구는 '리니지'라는 온라인 게임에서 아이템을 매매하는 일을 했다. 자기만의 사무실이 있었다. 캐릭터를 잘 키워서 아이템을 고가에 팔아넘기는 것이다. 한 달에 300만 원 이상의 월급을 받는다고 했다. 나는 학생이었고 돈이 별로 없었다. 300만 원이란 돈이 되게 크게 느껴졌다. 그 친구가 부러운 면도 있었지만 무엇보다 기분이 나빴다. 워낙 힘이 있던 친구라 싸울 엄두도 안 났다. 나는 그냥 참고 지낼 수밖에 없었다.

이토록 사회에 나가면 다양한 사람을 만나게 된다. 그리고 상처를 받는 일도 종종 발생한다. 적당히 무시하면서 지내야 한다.

꿈을 정했다면 드림 킬러에게 휘둘리지 말아라

'서울대 가도 별거 없다.'라는 말을 많이 들어봤다. 그 외에 비슷한 말로는 '공부 잘해도 소용없다.'이다. 성공한 사람들 중에는 학벌이 안 좋은 사람들, 심지어 고등학교도 안 나온 사람들이 많다는 것이다. 일리가 있는 말이다. 공부가 아니어도 성공할 수 있는 길은 많다. 하지만 사업을 해서 실패하는 사람들이 훨씬 많다는 것을 알아야 한다. 사업을 성공하려면 자본이 많이 필요하다. 운도 많이 따라야 한다. 기본적으로 하이리스크 미들리턴이다. 그래서 요즈음은 초기 투자를 줄이면서 사업을 시작하는 경우가 많다.

연예인이나 운동선수는 더 되기 힘들다. 메시나 호날두, 방탄소년단은 엄청난 부를 거머쥐었다. 하지만 당신이 그렇게 될 수 있겠는가? 예체능으로 성공하려면 엄청난 재능이 필요하다. 운도 필요하다. 쉽게 생각하면 된다. 어느 영역이나 1등은 엄청난 부를 거머쥔다. 하지만 그것은 쉽지가 않다. 부모님이 경제적으로 지원해주고 학원을 다녀도 당장 반에서 1등 하기 힘들다. 그런데 전국에서 예체능으로 성공할 수 있을까?

공부를 잘해봤자 별거 없다고 하는 사람들은 더 별거 없다. 주위에 공부 없이 성공한 사례만 들먹일 뿐 정작 자신들은 초라한 경우가 많다. 공부로서 이루고 싶은 것이 있다면 소위 '드림 킬러' 에게 휘둘리면 안 된다.

공부를 잘하기 위해 우리가 장기라도 떼어내는가? 치명적인 부상을 당하는가? 잃는 것은 시간과 약간의 돈이다. 하지만 목표를 이루었을 때 돌아오는 것을 생각해야 한다. 잃어버린 것들은 복구하고도 남는다.

드림 킬러에게 휘둘리지 않으려면 목표를 잘 세우는 것이 중요하다. 목표마다 차이가 있지만 보통 큰일은 3년 정도 안에 이루어진다. 대학입시에는 고등학교 3년의 시간이 필요하다. 고시공부를 하더라도 합격한 사람들은 길어야 2~3년 안에 끝낸다. 물론 그전까지 쌓아온 실력도 중요하다. 하지만 집중해서 공부하는 기간은 3년 이하이다. 목표를 세웠다면 적어도 2~3년 동안은 제발 흔들리지 말자.

혹시나 재수를 한다면 1년 안에 끝낸다는 생각으로 해야 한다. 나는 재수를 하지 않았지만 성공한 재수생들을 많이 만나봤다. 공부에 완성이란 없다. 간혹 기초가 부족하단 이유로 2년 정도 넓게 잡고 재수할 생각을 하는 사람이 있다. 그런 사람들은 삼수하면 성적이 더 떨어진다. 이미 각오가 안 되어 있기 때문이다. 큰 시험은 단칼에 끝내야 한다.

스타 강사 정승제 씨는 다음과 같이 말했다.

“공부법에 정답이란 것은 없다. 겨울에 어떻게 공부하고 봄에 어떻게 해야 하는지 질문하지 말라. 남들이 하는 방식대로 하는 것은 5등급의 인생이다. 자기만의 방식을 터득하고 공부해야 한다. 5등급의 잣대로 세상을 보지 말자.”

공감이 많이 가는 내용이다. 남들의 이야기는 참고해야 하는 것일 뿐이다. 당신의 인생은 당신이 사는 것이다. 당신의 성향과 꿈은 스스로가 가장 잘 안다. 마음의 소리를 듣고 목표를 세웠다면 절대로 흔들려선 안 된다.

주위에 드림 킬러들은 굉장히 많다. 그들은 당신을 방해할 뿐이다. 어떠한 도움도 되지 않는다. 드림 킬러들의 말에 흔들린다면 생각해보라. 과연 다른 길이 옳은 것인지, 아니면 지금 가는 길에서 도피하고 싶은 것인지.

드림 킬러를 피하자. ‘드림 텔러’를 만나자. 성공에 관해 이야기하고 긍정적인 조언을 해주는 사람들로 주위를 채우자. 그러면 어느 순간 꿈은 현실이 되어 있을 것이다.

04

선행 학습은 필요한 만큼만 하자

/

"무리한 선행 학습은 독이다."
–정승제(스타 수학 강사)

친구들보다 너무 느렸다

선행 학습은 얼마나 하는 게 좋을까? 많은 학부모님들이 나에게 하는 질문 중 하나다. 방학이 되면 학원은 특강으로 인해 붐빈다. 여러 과목 중 선행이 가장 성행하는 과목은 수학이다.

타 과목과 다르게, 수학은 학년이 올라갈수록 배우는 내용이 많이 어려워지기 때문이다. 어려운 내용일수록 그것을 익히고 내 것으로 만드는 데 시간이 오래 걸린다. 그래서 미리 공부해보자는 취지로 선행을 한다. 수학 과목을 기준으로 선행을 얼마나 하면 좋을지 생각해보자.

나는 고등학교 때 학원을 안 다녔기에 혼자 선행 진도를 계획해서 공부를 했다. 고1 여름방학 때였다. 학교 자습실에서 학생들끼리 모여서 공부를 했다. 나는 1학년 2학기 내용을 공부하고 있었다. 친구들은 개념원리로 '수학1'을 공부하고 있었다. 당시 '수학1'은 고등학교 2학년 1학기 과정이었다. 내 교재는 표지가 초록색이었고, 2학년 교재는 빨간색이었다. 아직도 빨간색의 강렬함이 잊히지 않는다. 나는 무서웠다. '저 친구들은 학원을 다니며 저렇게 앞서가는데, 나도 해야 하지 않을까?'라는 생각을 했다.

두려움 속에서도 딱 한 학기 내용만큼 선행을 했다. 1학년 여름방학 땐 2학기 내용을 공부했다. 1학년 겨울방학 땐 2학년 1학기 내용을 공부했다.

나는 앞에서부터 차근차근 나아가지 않으면 마음이 편하질 않았다. 그래서 내 선행 진도는 느릴 수밖에 없었다.

고1 내용에서 '함수 x^2의 $x=1$에서의 접선의 기울기를 구해라.'라는 문제가 있다. 선행을 하지 않는 학생의 풀이는 다음과 같다.

직선 $y=m(x-1)+1$을 생각한 뒤, 방정식 $x^2=m(x-1)+1$에서 판별식 D가 0일 조건을 통해 $m=2$임을 구한다. 따라서 기울기는 2다.

몇몇 친구는 나에게 미분을 이용한 풀이를 보여줬다. 주어진 함수의 도함수는 $2x$이므로 $x=1$을 대입하면 바로 2를 얻는다.

나는 이런 풀이를 선호하지 않았다. 과정을 모른 채 공식만 외워 사용하는 것이 싫었기 때문이다. 도함수를 구하는 과정을 알려면 알아야 할 것이 많다. 미분 계수의 정의, 함수의 극한, 수열의 극한으로 차례차례 내려가야 한다. 증명할 수 없는 것들은 와닿지가 않았다. 그래서 사용하기도 싫었다. 어찌 보면 유연하지 못했던 것 같다.

수학 공부를 할 때는 하나하나 엄밀하게 증명하고 다음 단계로 넘어갔다. 고등 과정에서 증명할 수 없는 것들이 나오면 직관적으로 와닿을 때까지 생각을 했다. 그런 식으로 공부하니 진도가 많이 느렸다. 하지만 아래 단계부터 꽉 찬 알맹이처럼 공부해갈 수 있었다.

내가 사용한 방법을 무조건 추천하지는 않는다. 적당한 선행 학습을 통해 다양한 스킬을 구사할 필요가 있다. 그러면 시험을 볼 때 시간 단축에 큰 도움이 된다. 그리고 문제를 다각도로 볼 수 있게 된다. 내가 선행 진도를 느리게 나간 이유는 단지 나의 공부 성향 때문이었다. 다시 그때로 돌아간다면 좀 더 빠르게 공부할 것이다.

선행 진도가 느려서 위기를 겪은 적도 있다. 우리 고등학교는 초월함수가 등장하는 미적분을 고3 때 배웠다. 학교 진도에 맞춰서 나는 고2 겨울 방학 때 심화 미적분을 처음 공부했다. 오롯이 정석 책 하나로 겨울방학 내내 미적분을 공부했다. 처음 보는 미적분 내용은 쉽지가 않았고, 직관적으로 와닿지 않는 부분들이 너무나 많았다. 계산을 통해 답은 낼 수 있었지만, 근본적인 원리는 하나도 이해 하지 못한 채 받아들였다.

예를 들면, '미적분의 기본 원리'가 정확하게 와닿지 않았다. 이를 증명하려면 '적분의 평균값 정리'를 이용해야 한다. '연속함수 $f(x)$에 대하여 $\int_a^b f(x)dx = (b-a)f(c)$인 c가 (a, b)에 존재한다.'를 알아야 한다. 그러나 교과서에는 그 부분이 정확하게 명시되지 않은 채 서술되어 있었다.

그 외에도 다루는 함수들이 너무 어려웠다. 요즘에는 '울프램알파', 나 '지오지브라' 등의 프로그램을 이용해 다양한 초월함수를 쉽게 그려볼 수 있다. 그래프의 개형이 내가 추론한 모양과 맞는지 검토를 할 수 있다. 혹은 주위 사람들에게 물어볼 수 있다. 하지만 학원도 안 다녔고, 인터넷에 수학 자료도 부족하던 시절이었다. 내가 제대로 공부하고 있는지 확인할 길이 없었다.

당시 심화 미적분은 '삼각함수의 덧셈정리 및 초월함수의 미분, 초월함수의 적분'으로 이루어져 있었다. 삼각함수의 덧셈정리를 공부해본 사람은 알 것이다. 내용이 이해되더라도 몸에 익히기까지 시간이 걸리는 파트이다. 고2 겨울에 덧셈정리를 처음 공부한 이과 학생을 상상할 수 있을까? 그것도 서울대는 준비한다는 학생이?

결국 나는 방학 동안 적분을 다 보지도 못하고 개학을 맞이했다. 학원을 다녔더라면 강제성 때문이라도 어떻게든 끝까지 공부했을 것이다. 그러나 혼자 했기에 강제성도 부족했고, 내가 세운 공부 계획이 맞는 것인지도 몰랐다. 그냥 나 스스로를 믿고 앞으로 나아갔다.

지금 생각해보면 너무 위험한 방법이었다. 미적분의 난이도가 만약 더 높았다면 나는 고3 내신 및 수능에서 쓴맛을 봤을 것이다. 개학한 뒤에도 하루하루 열심히 공부했기에 다행히 잘 따라잡았다. 상위권이 목표라면 나처럼 탄탄하게 공부하되, 좀 더 빠른 것을 권장한다.

선행은 실력이 되는 만큼 하라

선행에 대한 내 가치관은 강사가 되고 나서 많이 바뀌었다. 내가 했던 수업 중 선행이 가장 빨랐던 수업은 영재고 합격생 반 수업이었다. 영재고 입시시험은 중학교 3학년 5월에 본다. 그리고 여름이 되면 합격자를 발표한다. 영재고 입시 수학 시험에선 고등 수학 지식이 많이 필요가 없다. 시험에 안 나오기 때문이다. 중등심화문제, 창의력 및 사고력 문제, kmo와 같은 경시대회문제, 영재고 기출 문제 등을 풀어봐야 한다. 아이들은 보통 선행교재로『실력정석』을 사용한다. 그리고 고1 과정까지만 선행을 한다. 다양한 대수 풀이 기법이 도움이 되기 때문이다. 고1 내용 중에서도 복소수 파트 같은 것들은 시험에 안 나오기에 깊게 공부하지 않는다. '기하와 벡터'에서의 공간도형 파트는 공부해두면 도움이 된다.

그러나 영재학교에 합격하면 상황은 반전된다. 영재학교는 일반 고등학교와 커리큘럼이 완전히 다르다. 고1 때 '수학 상하' 및 '기하와 벡터'를 배운다. 기하와 벡터의 경우에는 일반고에서 다루지 않는 행렬, 복소평면 등 심화 내용까지 다룬다. 학교마다 다르지만 '확률과 통계' 및 '기초 미적분'도 많이 배운다. 2학년 땐 심화 미적분을 주로 배우는데 일부 학교는 calculus(대학 미적분학)를 바로 배우기도 한다. 진도가 매우 빠른 것이다.

상황이 이러하다 보니 영재고 합격생들은 8월부터 12월까지 고등 수학 전 영역을 선행으로 공부하게 된다. 교재는 보통 『실력 정석』을 사용한다. 놀라운 것은 대부분의 아이가 이 내용들을 소화한다는 것이다. 중학교 3학년 학생이 대학 미적분학 문제를 풀 수 있게 되는 것이다. 역량이 되면 선행은 많이 해도 된다.

반면 선행보다는 다음 학기 내용을 열심히 공부해야 하는 학생들도 많다. 일반고에서 4등급의 성적을 받는 고1 학생이 있었다. 그는 시험이 한 달 남았는데도 『블랙라벨』로 미적분을 선행 공부하고 있었다. 나는 기겁했다. 당장 눈앞의 내용도 소화 못 한 상태에서 선행을 공부하는 것은 돈낭비, 시간낭비이기 때문이다. 마음이 급할수록 천천히 가야 하는 경우다. 당장 선행을 중지하고 시험대비 공부를 하라고 말해줬다.

선행 학습에 관하여 정답은 없다. 하지만 확실한 것은 본인의 역량만큼 해야 한다는 것이다. 수학실력이 부족하고 흥미도 없는 학생은 당장 기초부터 제대로 쌓아야 한다. 동기부여도 잘되어 있고 머리도 뛰어나면 많이 하는 것이 낫다.

많은 사람들은 반년에서 1년 정도가 적당하다고 한다. 하지만 정해진 것은 아니다. 무엇보다 목표에 따라 다르다. 최상위권이 되고자 한다면, 명문대에 가고자 한다면 어느 정도의 선행은 필수다. 대신 그 양은 본인이 조절해야 한다.

본인이 처한 환경과 상황, 능력, 목표를 고려해서 적절한 선행 학습을 하길 바란다.

마법같이 수학이 쉬워지는 Q&A

야간 자율학습 시간을 어떻게 활용하면 좋을까요?

(야간 자율학습 시간을 낭비하는 고1 D학생)

방학이나 주말이 아니면 하루에 순수하게 공부할 수 있는 시간은 많아야 4~5시간입니다. 저는 '중요한 주제 2개만 이해하고 넘어가자.'라고 목표를 세웠습니다. 예를 들면 '도형의 방정식 중 원과 관련된 심화 문제 마스터하기', '국어에서 관동별곡 마스터하기' 등이죠. 나만의 예열 작업을 통해 집중력이 향상되면 바로 '그날의 주제'를 공부했습니다. 그러면 공부가 정말 잘됐어요. 처음에는 욕심을 부려서 한 시간에 하나씩 4~5개의 주제를 공부하려고 했는데요. 제 생각보다 그 주제를 공부하는 데 시간이 오래 걸렸습니다. 그리고 주어진 시간에 온전히 집중하기 힘들 수도 있어요. 정답은 없지만 2~3가지 주제만 공부하는 계획이 가장 무난합니다.

05

실력보다 시험 분석이 우선이다

/

"어떻게 결과를 만들어내는지를 처음부터 알아야만 되는 것은 아니다.
중요한 것은 우리가 어떤 일이 있어도 그 방법을 알아내겠다고 결심하는 것이다."
–앤서니 라빈스(심리학자, 동기부여가)

시험은 요령이다

열심히 공부해서 대학에 갔다. 하지만 대학생이 되어도 시험은 끝나지 않았다. 고등학교 때처럼 중간고사와 기말고사를 봐야 했다. 과목에 따라서는 한 학기에 3번 시험을 보기도 했다. 대학 미적분학은 할 만했다. 벼락치기를 해도 A를 받았다. 하지만 전공과목을 듣는 순간부터는 놀 수가 없었다. 처음 보는 내용인 데다가 난이도도 올라가기 때문이다. 요령 없이는 시험을 잘 보기가 쉽지 않았다.

군대를 갔다 온 뒤 전공과목을 본격적으로 공부했다. 한 학기에 5개의 전공과목을 수강하기도 했다. 고등학교 과목을 예로 들어보자. '수학 상',

'수학 하', '확률과 통계', '미적분', '기하와 벡터' 같은 과목들을 한 학기동안 공부한다고 생각하면 된다. 단, 해당 과목들에 대한 선행 경험이 없는 상태이다. 친절하게 내용이 정리된 문제집은 없다. 영어로 되어 있는 원서로 공부한다. 친절하게 설명해주는 학원도 없다. 교재에 있는 연습문제들은 답조차 없다. 이런 것들을 모두 차치하고서라도 내용 자체가 어렵다.

해석학에서는 $\lim_{n \to \infty} \frac{1}{n} = 0$같이 고등학교 때 당연하게 넘어간 내용을 엄밀하게 증명한다. 처음 해석학을 배우면 그 엄밀함에 정신이 아득하다. 하지만 이후 나오는 내용들에 비하면 귀여운 수준이다. 오히려 이런 부분은 숙달만 되면 할 만하다. 동기들은 전공 수학이 어렵다고 우는 소리를 하면서도, 결국 다 이해해가며 좋은 점수들을 받는다. 무서운 속도로 적응해가는 것이다.

처음엔 고등학교 때 공부하듯 공부했다. 시험에 무엇이 나올지 모르므로 모든 것을 알아야 한다는 생각을 했다. 모든 문제를 꼼꼼히 풀고, 증명했다. 사소한 예제 하나까지도 그 원리와 본질을 이해하려고 노력했다. 이러한 방법이 틀린 것은 아니다. 문제는 시간이다. 전공과목 외에 교양수업도 들었다. 과외도 했다. 친구들과 술을 먹기도 하고 게임도 했다. 이 모든 것을 다 하려니 시간이 부족했다. 이런 식으로 공부하다간 절대로 모든 내용을 다 볼 수 없다는 생각이 들었다. 요령이 필요했다.

전공과목을 5개 이상씩 들으면서도 모두 A학점이 나온 친구가 있었다. 그 친구는 자기는 수학을 잘하는 게 아니라 시험을 잘 보는 사람이라고 이야기했다. 서울대학교엔 이렇게 겸손한 친구들이 많다. 그 친구는 당연히 수학도 잘했다. 하지만 그의 말을 곱씹어 볼 필요는 있다.

대학교 전공 시험을 보려면 기출문제들을 풀어봐야 한다. 기출문제들이 그대로 시험에 나오기 때문이다. 시험 범위가 넓고 어려운 만큼 나오는 문제들은 어느 정도 정해져 있다. 교재에서도 중요해 보이는 문제들 위주로 공부해야 한다. 처음엔 증명들을 다 직접 해보려고 했다. 남들이 한 증명을 내가 보고 외우는 것은 의미가 없다는 생각을 했기 때문이다. 하지만 시험을 잘 보려면 그냥 증명을 외우는 게 낫다. 시간이 별로 없기 때문이다. 수학 실력 자체를 기르면 다 잘 풀 수 있다. 하지만 오로지 A라는 성적이 목표라면 요령 있게 공부해야 한다.

시험 분석은 필수인 시대다

고등학교 때 너무도 고마웠던 친구가 있다. 나는 학원을 다니지 않았기에 학교 기출문제들을 구할 수 없었다. 요즘에는 인터넷이 발달해서 마음먹으면 어떻게든 기출문제들을 구할 수 있다. 하지만 당시엔 자료도 부족했고, 방법도 몰랐다. 어느 날 우연히 같은 반 친구가 기출문제들을 푸는 것을 보았다. 학원에서 받은 2년치 전 과목 기출 모음집이었다. 나는 그 친구에게 부탁해 복사본을 얻고 공부를 했다. 큰 도움이 되었다.

'국영수과' 같은 주요 과목 외에는 공부할 문제집이 부족했다. 사회를 예로 들어보자. 사회는 교과서마다 다루는 내용이나 순서가 조금씩 달랐다. 다른 출판사의 문제들은 도움이 되지 않았다. 그래서 해당 출판사에서 나온 자습서, 자습서에 달린 평가문제집, 교과서로 공부를 했다. 문제가 너무 부족했다. 어떻게 문제가 나올지 감이 오지 않았다. 하지만 기출 문제들을 보니, 문제 출제에 대한 감이 왔고 공부 방향을 잡을 수 있었다. 덕분에 전 과목에서 좋은 성적을 받았다. 그 친구를 다시 만난다면 맛있는 식사를 대접할 것이다.

요즘엔 시험 분석은 필수가 되어버렸다. 인터넷의 발달로 예전보다 더욱더 정보를 얻기 편하다. 특히나 수능 시험의 경우 역사가 오래된 만큼 정보 축적이 많이 되었다. 그러다 보니 그 모든 것을 알고 있는 사람과 그렇지 못한 사람 사이에 격차가 벌어지고 있다.

시험 분석을 학생들이 하기는 쉽지 않다. 학생들은 개념을 공부하고 문제 풀기에 바쁘다. 게다가 여러 과목을 공부해야 한다. 다양한 종류의 문제들을 볼 시간도 없고, 그렇게 할 필요도 없다. 이러한 부분은 안타깝지만 사교육에 의존할 수밖에 없다.

과학고 같은 특목고는 더더욱 학생 혼자 공부하기 힘들다. 크게 본고사 문제들, 수능 문제들, 시중 유명 문제집, 강남권 기출, 수리논술 정도로 나눠볼 수 있다. 나는 위 문제들을 거의 다 풀어봤기에 문제를 보면 어디 기출인지 다 안다. 간혹 처음 보는 문제들도 조금만 찾아보면 출처를 금방 알 수 있다. 학교 선생님들도 사람이기에 문제들을 다 창작하기 어렵다. 그렇기 때문에 어딘가에서 문제를 가져오신다. 그럼 학원에서는 '적중'이라는 것이 가능해진다.

실력 있는 강사일수록 적중에 관심이 많다. 나는 나올 법한 문제나 주제를 예상한다. 그리고 아이들을 충분히 연습시킨다. 그 문제가 시험에 나왔다고 하자. 나에게 훈련을 받은 아이들은 문제를 보자마자 풀 수 있다. 반면 수학 실력이 좋더라도 그 문제를 처음 보는 아이들은 생각을 해서 풀어야 한다. 이때, 비슷한 문제를 연습했을 경우 문제 푸는 속도가 훨씬 빠르다.

어려운 문제일수록 적중의 효과는 매우 커진다. 실제로 나의 적중 덕에 시험을 잘 본 친구들이 굉장히 많다. 나한테 배우지 않았는데, 다른 학원에서 알려준 문제가 나온다는 것은 비극이다. 강사는 그런 일이 안 생기도록 지도해야 한다.

수학 내신의 경우 학년마다, 선생님마다 출제성향이 다르다. 기출문제는 도움이 될 때도 있고 필요 없을 때도 있다. 그해의 색깔이 중요하다. 보통은 중간고사를 보면 성향 분석이 가능하고 안정적으로 기말고사 대비를 할 수 있다.

실제로 모 선생님의 경우에는 본고사나 실력 정석 스타일을 선호하셔서, 비슷하게 대비를 해준 적이 있다. 모 일반고의 경우에는 항상 4~5년 전의 수능 문제를 내시기에 관련 문제들을 푼다. 다른 일반고의 경우에는 강남권 주요 학교 1~2년 전 기출문제를 그대로 낸다. 내신 고난도 문제들은 강남이 시초인 경우가 많다. 1년 뒤 일산에서 시험에 똑같이 나오고, 1년 뒤 파주에서 똑같이 나온다. 시간이 지날수록 학군이 약한 곳으로 퍼져 나간다.

공정하다고 평가받는 수능 시험조차 적중이 가능하다. 수능 시험이 역사가 오래되었기에 수능만 분석하신 분들이 굉장히 많다. 뛰어난 일부 강사는 수능에서 아직 나오지 않는 주제들을 가지고 다양한 창작 문제를 만든다. 그럼 여지없지 적중하고 만다. 수능 최상위 반 수업을 하는 강사들은 이러한 적중을 해내곤 한다. 내 주위엔 이러한 뛰어난 강사들이 많다. 실제로 어느 지인의 경우, 작년 수능 수리 가형 30번도 그대로 적중했다.

수능을 준비하는 학생은 나오는 것만 공부해야 한다. 예를 들어 수열 단원에서 $a_{n+2} = pa_{n+1} + qa_n$ 꼴의 점화식이 나오면 보자마자 일반항을 구할 수 있다. 고등학교 내신에서는 이러한 스킬이 필요한 경우가 있다. 하지만 수능에서는 절대 나오지 않는다. 추론을 통해 푸는 게 훨씬 간결하고 빠를 수 있게 문제가 나온다. 수열이란 단원의 고수가 되고 싶다는 생각으로 시험에도 안 나오는 것을 볼 필요는 전혀 없다는 것이다.

나는 이상주의자이다. 항상 본질에 집착하고 이상적인 결과를 바라는 편이다. 한때는 본질적인 실력을 쌓는 것만 중요하다고 생각했다. 그러면 어떤 문제가 나와도 다 풀 수 있지 않을까 생각한 것이었다.

하지만 시험 분석은 반드시 필요하다. 우리는 가우스나 오일러가 아니기 때문이다. 분석을 해야 같은 노력을 해도 훨씬 더 좋은 결과를 낼 수 있다. 시험은 시간 내에 잘 봐야 한다. 여러분도 시험 대비를 영리하게 하기 바란다.

06

'공부법'을 공부해야 한다

/

"제대로 된 공부법에 대한 이해가 필요하다."
–『완벽한 공부법』

시행착오를 통해 공부법을 발견하다

중3 겨울에 고등학교 내용을 미리 학습하였다. 선행을 해야 한다는 말을 들었기 때문이다. 수학은 『수학의 정석』 하나만 풀었다. 내가 정석을 공부하면서 겪은 시행착오들을 알려주도록 하겠다. 처음에는 개념과 풀이가 적혀있는 예제들을 그냥 눈으로 읽었다. 마치 독서하는 것 같았다. 이해가 되면 넘어갔다. 이해가 안 되면 그 부분만 뚫어져라 쳐다봤다. 그리고 이해가 되면 다음으로 넘어갔다. 이렇게 공부하다 보니 실력이 늘지를 않은 채 진도만 나갔다. 내가 직접 손으로 써봐야 어디서 막히는 지 알 수 있다. 수학 공부를 해본 사람이라면 누구나 공감할 것이다.

선생님이 칠판에 문제를 풀어주는 것을 눈으로 보면 이해가 잘 된다. 하지만 집에서 가서 풀어보면 안 풀릴 것이다. 설령 풀더라도 외워서 푸는 것일 수가 있다. 반드시 자기 힘으로 풀어봐야 한다. 운동선수가 역기를 드는 모습을 눈으로 봤다고 해서 내가 들 수 있는 것은 아니기 때문이다. 그래서 나는 고2 때부턴 최대한 주도적으로 공부했다. 정의부터 시작해서 사소한 내용까지 모두 백지에 써보았다. 관련된 성질들도 쓰고 직접 증명도 해보았다. 예제를 풀 때도 아무리 쉬운 것들조차 해설을 안 보고 혼자 힘으로 풀었다.

간혹 막히는 경우가 있다. 제일 좋은 것은 오랜 시간 고민해서 막힌 것도 혼자 해결하는 것이다. 하지만 그렇게 공부하다간 다 보는데 너무 오래 걸린다. 생각해보면 우리가 고등학교 때 배우는 수학은 천재 수학자들이 일생에 걸쳐서 내놓은 작품들의 집합이다. 혼자 힘으로 해결하기엔 상당히 버거운 부분이 많다. 그래서 적당히 해설을 보면서 해도 된다.

정석은 보통 책들보다 사이즈가 작다. 그리고 연습문제들이 빽빽하게 들어 있다. 여백이 거의 없다. 나는 그 좁은 여백에 연습문제들을 풀었다. 심지어 고1 때 맨 처음 배우는 '다항식' 부분부터 말이다. 다항식 문제들은 풀이가 길다. 나는 콩알 같은 글씨로 길고 긴 풀이들을 책에 썼다. 나는 여러 가지 단점을 발견하고 결국 연습장을 활용하게 되었다.

연습장을 쓰지 않고서도 좋은 성적을 내는 아이들도 있다. 공부법에 정답이란 없다. 하지만 연습장을 잘 활용하면 수학 실력을 극대화시킬 수 있다. 우선 어려운 문제를 풀 때 많은 도움이 된다. 어려운 문제들은 여러 가지 접근을 해봐야 한다. 한정된 공간에 문제를 풀면 다양한 시도를 할 수 없다. 공간이 없기 때문이다. 지우개로 지우면서 풀 수 있지만, 지우기가 귀찮아서 시도를 안 하게 된다.

문제를 풀 때 *A–B–C–D* 단계를 거쳐야 풀 수 있다고 해보자. 그러면 처음 *A*단계에서는 *B*밖에 안 보인다. *B*단계를 진입해야 *C*가 보이고 *C*를 해결해야 *D*가 보이는 경우가 있다. 그래서 어려운 문제를 풀 때는 생각만 하기보다는 뭐라도 써보는 것이 관찰에 도움이 된다. 손은 머리보다 빠르다.

논리를 정돈할 때도 연습장은 도움이 된다. 수업을 하다 보면 아이들이 맞게 풀었는데 답이 안 나온다고 할 때가 있다. 내가 다시 풀어보라고 하면, 다시 '봐도' 똑같다고 한다. 다시 '보면' 오류를 찾기가 쉽지 않다. 이럴 때는 긴 풀이를 과감히 버리고, 백지에 처음부터 새롭게 푸는 것이 좋다. 그러면 높은 확률로 오류를 찾아낼 수 있다.

또한 백지에 문제를 예쁘게 푸는 연습을 하면 서술형 연습에도 도움이 된다. 또한 피드백을 하기도 편해진다.

다항식과 방정식을 처음 배우면 아주 단순한 실수를 하게 된다.

간단한 일차방정식 $4x+1=9$를 풀어보자.

$4x+1=9$, $4x=8$, $x=2$이므로 $x=2$를 얻는다. 그런데 간혹

$4x+1=9$

$=4x=8$

$=x=2$

라고 서술하는 아이들이 있다. 답은 맞다. 하지만 '이항'과 '답이 같은 방정식'을 구분하지 못하는 것이다. 그래서 백지에 풀어보면 논리가 어떻게 이상한지 금방 찾을 수가 있다. 그 외에도 여러 가지 장점이 있다. 우선 문제집을 깨끗하게 쓸 수 있다. 그러면 문제집에는 어려운 문제나 기억해야 할 것들만 표시해서 볼 수 있다. 그러면 나중에 다시 보기 편하다. 개념서와 같이 여러 번 볼 문제집은 백지에 문제를 푸는 것이 좋다.

올바른 방법으로 공부하자

영역별로도 공부 방법은 중요하다. 미적분과 같은 과목은 열심히 하면 누구나 성적이 오른다. 하지만 '확률과 통계'와 같은 과목은 공부 방법이 너무 중요하다. 특히 그중에서 '경우의 수'는 더 그렇다.

경우의 수는 본능적인 감각이 좋으면 잘 풀 수 있다. 당연한 소리다. 하지만 대부분의 학생은 그 감각이 없다. 그러나 슬퍼하지 말자. 연습으로 극복이 가능하다.

제일 중요한 것은 자신의 풀이가 어디서 오류가 있는지 짚고 넘어가는

것이다. 즉, 노력을 통해 강제로 엄청난 양의 시행착오들을 겪어야 한다.

간단한 문제를 예로 들어보자.

남학생 5명 여학생 5명 중 4명을 뽑을 때, 남학생과 여학생을 각각 적어도 1명씩 뽑는 경우의 수는 얼마일까?

여러 가지 풀이가 있겠지만 여사건으로 접근하면 간단하다. 10명 중 4명을 뽑는 모든 경우의 수에서 남학생이나 여학생을 안 뽑은 경우를 빼주면 된다.

${}_{10}C_4 - 2 \times {}_5C_4 = 210 - 10 = 200$(가지)를 얻는다.

이러한 문제를 풀 때 2가지를 유념해야 한다. 첫째는 여사건으로 안 풀면 어떻게 할 것인가 이다. 실제로 여사건과 원래 사건 중 여사건이 더 복잡해지는 경우도 있기 때문이다. 그리고 여사건이 더 간단하더라도 내가 생각을 못 할 수 있다. 그래서 여러 가지 풀이를 연습해야 한다.

둘째로 잘못 푸는 경우 꼭 피드백이 되어야 한다. 남학생과 여학생이 적어도 한 명은 필요한 상황이다. 따라서 미리 1명씩 뽑는 경우의 수는 25가지이다. 이후 8명 중 2명을 뽑으면 되므로 $25 \times {}_8C_2 = 700$이 나온다. 이 풀이는 중복이 되므로 답보다 더 세게 된다.

편의상 남학생을 $a_1, a_2, \cdots, a_5$ 여학생을 $b_1, b_2, \cdots, b_5$이라 하자. 좀 전의 풀이대로면 a_1, b_1을 먼저 뽑고 a_3, a_5를 뽑은 경우와, a_3, b_1를 먼저 뽑고 a_1, a_5를 뽑은 경우 등이 중복이 된다. 중복이 되는 경우도 다양하므로 중복된 것을 빼주기에는 풀이가 너무 길어진다.

선생님이나 답지는 간결하고 최적화된 풀이를 보여준다. 하지만 내가 실전에서 그렇게 접근하리란 보장이 없다. 나는 나만의 '경우의 수 논리 체계'로 접근하게 되는 것이다. 그래서 오류가 생기는 부분을 짚고 넘어가야 한다. 이것은 분명 노력으로 이룰 수 있는 부분이다.

또한, 최적화된 풀이가 아닌 것으로 접근했다면 끝을 보는 것이 좋다. 실전에서도 얼마든지 지름길 대신 돌아가는 길을 택할 수 있기 때문이다. 길을 돌아서 가본 자만이 '이 길은 돌아서 가는 것이니 포기해야겠다. 다른 풀이를 생각하자.'라는 판단도 할 수 있다. 혹은 다른 풀이가 안 보일 때, 그 풀이를 밀고 나갈 수 있는 체력도 갖추게 된다. 자신의 풀이가 안 좋아 보여도 끝을 보는 습관을 들여라. 만약 끝을 보기 힘들다면 왜 계속 전진하기 힘든지를 알고 포기해야 한다.

처음부터 최적의 공부 방법을 터득하기란 불가능하다. 공부법은 자기에게 맞는 최적의 것이 존재한다. 그러나 그것을 발견하려면 일단 공부를 해야 한다. 시행착오를 많이 겪고, 성공한 사람들의 사례를 분석하여야 한다. 그리고 흡수해야 한다.

수학은 눈으로 공부하면 안 된다는 것, 백지에 쓰는 게 낫다는 것 등은 다 내가 피부로 느낀 방법이다. 그리고 성적으로 증명이 된 것들이다. 내 기준에서 말이다. 경우의 수를 예로 들었지만, 수학의 영역별로 공부법이 존재한다. 구체적인 방법들은 강의를 듣는 것이 좋다.

공부를 하면서 '공부법'을 같이 공부해야 한다. 앞서 말했듯 잘못된 공부법은 독인 것을 명심해라. 자기에게 맞는 최적의 공부법을 찾자. 그러면 목표를 이루는 것은 시간문제일 뿐이다.

마법같이 수학이 쉬워지는 Q&A

오답 노트는 필요한가요?

(오답 노트를 만들어야 한다는 말을 들은 고2 P학생)

한때 틀린 문제들을 가위로 오린 뒤 연습장에 풀로 붙여서 오답 노트를 만든 적이 있었습니다. 하지만 만드는 과정 자체가 성가셔서 잘 안 하게 되었습니다. 문제집에 틀린 표시만 해두어도, 나중에 그 문제를 다시 풀 수 있습니다. 어차피 연습장이나 백지에 문제를 풀기 때문에 문제집이 더러운 것은 상관이 없어요. 실제로 상위권 학생 중 오답노트를 따로 만드는 학생은 별로 없습니다. 오답노트보다 더 중요한 건 수학을 깊게 고민하고 복습하는 행위입니다. 그래서 자기만의 개념 스토리 보드, 특정 유형이나 풀이 기법을 정리해두는 수학 노트를 만들면 좋습니다.

07

내가 무엇을 못하는지 파악하라

/

"아무리 튼튼해도 약점은 반드시 있다."
—『손자병법』

단점이 많은 학생회장

어렸을 때 외삼촌과 등산을 했다. 정상에 올라서 바위 밑에서 싸가지고 온 도시락을 먹었다. 나는 실수로 도시락을 손으로 쳤다. 밥과 밥통이 절벽 밑으로 낙하하고 말았다. 삼촌은 나한테 "잘~했다."라고 말했다. 당시엔 반어적인 표현을 잘 몰랐다. 나는 삼촌에게 물어봤다.

"잘못했는데 왜 잘했다고 하세요?"

그러자 삼촌이 말했다.

"잘못한 건 알지. 그런데 잘못했다고 하면 기분 나쁘니깐 잘했다고 하는 거야."

사람은 누구나 칭찬받기를 좋아한다. '칭찬은 고래도 춤추게 한다'는 말도 있을 정도다. 긍정적은 표현을 싫어하는 사람은 없다. 반면 부정적인 표현은 듣기 싫어한다. '넌 이걸 잘 못해.'라고 이야기한다면 반발심부터 생기게 된다. 그만큼 부정적인 부분들은 마주하기가 쉽지 않다.

자존심이 세고 자기애가 강할수록 단점을 받아들이기 힘들어한다. 나도 잘난 것 하나 없었지만 자존심이 센 편이었다. 그래서 남들이 나에게 지적하는 것을 받아들이는 게 쉽지가 않았다. 또한 내 단점을 스스로 깨닫게 될 때 마음이 안 좋았다. 내가 못하는 것이 존재하는 게 싫었다.

대학생 때 수리 통계학과 학생회장을 했다. 당시엔 열심히 놀 준비가 되어 있으면 학생회장을 할 수 있었다. 소심하고 내성적이었던 나는 대학 생활을 재미있게 하고 싶어 학생회장에 지원했다.

기본적으로 나는 끼가 많이 부족했다. 수십 명을 이끌고 재미있게 놀 줄 아는 능력이 많이 부족했다. 한 번은 한 친구가 "너는 과대(학과 대표)로서 카리스마가 부족해."라고 말한 적도 있다. 그땐 상처를 많이 받았다.

선배들에게도 싹싹하게 대하지 못했다. 윗사람들을 어려워하는 성격이 있다. 그래서 친해지고 싶은 마음이 앞선 나머지 무례한 행동을 몇 번 했고 지적을 받았다. 조직을 이끄는 것엔 많은 자질들이 필요하고, 배울 것이 많다는 것을 느꼈다. 또한 나는 선천적으로 리더십이 출중한 사람이 아니라는 것도 알게 되었다. 단점을 마주하는 순간은 고통스럽다.

단점을 파악한 나는 많은 친구들의 조언을 듣기로 하였다. 선배와 잘 지낸 친구들을 통해 선배들과의 관계를 좁혀 나갔다. 행사를 하기 전에도 의견을 듣고 계획을 짰다. 과 대표로서 해야 하는 개인기나 쇼맨십들도 연구하고 생각했다. 엠티를 갈 때도 다른 친구들에게 역할 분담을 부탁했고 좋은 의견을 모았다. 나 혼자 잘할 수 없는 것들에 대해 도움을 받게 된 것이다.

행사를 진행할 때도 대본을 다 짜서 외웠다. 나는 애드립이 매우 부족한 사람임을 알게 된 것이다. 대본 없이 대중 앞에서 말할 수준이 아닌 것이다. 대본도 적당히 흐름만 짠 것이 아니다. 문장을 다 외우고 농담까지 다 계획했다. 준비를 안 하면 멋지게 말하지 못하는 내 자신이 미웠다. 하지만 단점을 받아들이고 보완하기로 마음먹었다. 결국 행사에서도 자신감을 갖고 임할 수 있게 되었다.

내 부족한 능력을 인정하고 나니 마음이 편해졌다. 결국 더 좋은 결과들을 만들어 낼 수 있었다. 많은 엠티와 행사들을 추진하며 '추진덕'이라는 별명을 얻었다. 아직도 많은 친구들이 그때의 내 모습을 기억해준다.

내가 뭘 못하는지 정확히 파악하라

내가 잘하지 못하는 것들을 빠르게 파악해야 한다. 그리고 목표달성을 위해 다른 방편을 마련해야 한다. 그러기 위해선 결과를 분석하고 피드백할 수 있는 능력이 있어야 한다. 특히나 고등학생들에겐 이러한 능력이 너무 중요하다.

고1 때는 독서실에 잘 가지 않았다. 공부가 최적화되지 않은 삶을 살았다. 야자가 없는 날엔 집에서 공부했다. 집에서도 공부를 잘하는 사람들이 있다. 하지만 나는 집에서 집중을 못 하는 스타일이었다.

10분 정도 책상에 앉아서 문제를 푼다. 그 뒤에 목이 마르단 핑계로 물을 한 잔 먹고 온다. 돌아오는 길에 잠깐 텔레비전을 켠다. 재미있는 영화의 한 장면이 나온다. 3분만 보기로 한다. 하루 24시간 중 3분은 매우 짧다는 생각을 했다. 영화를 보고 나서 채널을 돌리면 더 재미있는 것이 나온다. 조금만 더 보기로 한다. 시간은 계속 흘러간다. 결국 1~2시간을 허비하고 만다. 시험기간의 나는 굉장한 집중력으로 공부했다. 남은 시간을 '시험 기간의 나'처럼 살면 되겠다고 생각하며 TV를 더 본다. 결국 그날 하루 공부는 망하게 된다.

나는 집에서 공부를 못하는 사람인 것이다. 환경에 영향을 크게 받는다는 것을 알았다. 이런 사람에게 "너는 의지가 부족해. 마음만 먹으면 집에서도 공부할 수 있어."라고 조언하면 절대 안 된다. 환경을 바꾸어야 한다. 그래서 나는 독서실에 가거나 학교 야자 시간을 활용해 공부했다. 학교에서 전교 1등이나 한다는 놈이 집에서 혼자 공부를 못 해서 독서실에 돈을 쓰는 것이 싫었다. 그리고 스스로에게 화가 나고 답답했다. 하지만 계속 집에서 공부하다간 큰일 날 것 같다는 생각이 들었다. 그리고 독서실에 다니고 나서부턴 공부량이 비약적으로 늘어났다. 당연히 실력도 오르게 되었다.

수학문제들을 풀 때 실수를 많이 하는 부분이 있었다. 수학 점수가 좋다고 해서 모든 유형의 문제를 다 잘 푸는 것이 아니다. 자신이 잘하는 유형이 있고 못하는 유형이 있을 수 있다.

나는 '부등식을 만족하는 정수 개수 세기' 유형에서 실수를 많이 했다. 꼼꼼하게 조건 확인을 안했던 것이다. 또한 복잡한 경우의 수 문제에서 실수를 많이 했다. 디테일하게 카운팅하는 능력이 부족하다고 판단했다. 그래서 조금 느리게 풀더라도 무조건 맞는 것에만 집중했다. 우선 정확도를 올린 뒤에는 시간을 줄여갔다. 그렇게 연습하니 점점 실력이 좋아졌다. 마침내 그러한 유형은 더 자신감 있게 접근할 수 있게 되었다.

나는 긴장하면 일을 망친다. 멘탈이 비교적 약한 편이다. 친구들과의 게임 내기에서도 '반드시 이겨야 한다. 지면 큰일 난다.'라고 생각하면 평소보다 더 못하고 진다. 시험도 마찬가지였다. '이 시험을 못 보면 큰일 난다.'라는 생각이 들면 긴장이 돼서 시험을 망치는 스타일이다. 큰 무대에 약한 것이다.

그래서 첫 강의는 종종 부담이 된다. '내가 좋은 모습을 보여 주지 못하면 안 된다.'라는 생각이 들면 지나치게 몸에 힘이 들어가게 된다. 그러면 수업이 너무 어려워지거나 딱딱해진다. 발음과 발성도 더 안 좋아진다. 나는 긴장을 많이 하면 안 되는 사람인 것이다.

긴장은 월등한 실력으로 해결할 수 있다. 하지만 모든 일에서 월등한 실력을 갖추기가 쉽지는 않다. 그래서 나는 항상 마인드 컨트롤한다. 긴장되는 마음을 애써 누르고 평소처럼 하자는 생각으로 임하는 것이다. 중요한 무대에서 내 실력을 제대로 발휘할 수 있는 것도 실력이다. 그렇게 하지 못한 사람이면 하루빨리 멘탈 관리법을 익혀야 한다.

나는 항상 잘난 사람들에 대한 동경이 강했다. 그래서 내가 못하는 것을 인정하는 것이 싫었다. 남이 나에게 그것을 지적하면 더 싫었다.

하지만 마음을 바꾸기로 하였다. 단점이 없는 사람은 없다. 설령 완벽해 보이는 사람이 있다면 그 사람은 단점을 감추고 있는 것이다. 자신이 이룬 업적이 많을수록, 나이가 들수록 단점을 인정하기 싫을 수 있다. 하지만 알을 깨고 나와야 한다.

공부를 하면서 끊임없이 나를 돌아봐보자. 내가 못하는 것이 있을 것이다. 있을 수밖에 없다. 어떻게 하면 그 부분을 보완할 수 있는지 고민해보자. 때론 생각보다 처참한 자신의 모습을 발견할 수도 있다. 외면하지 말고 인정하자. 그리고 앞으로 나아가자.

내가 무엇을 못하는지 파악하고 인정해야 한다. 성장은 그 순간부터 이루어진다.

08

혼자 공부하는 시간을 확보해야 한다

/

"시간과 정성을 들이지 않고 얻을 수 있는 결실은 없다."
–그라시안(스페인 작가)

토요일 오전 10시부터 오후 2시까지 고등부 수업을 한다. 한 아이에게 학원 끝나면 뭘 하냐고 물어봤다. 영어 내신 학원에 간다고 했다. 학원에 다닌 뒤로 성적이 올라서 계속 다닌다고 말했다. 이후엔 국어 학원을 간다고 했다. 토요일 하루에 학원 세 군데를 다닌다.

이것은 평범한 축에 속한다. 하루 종일 학원에 있는 아이들도 많다. 학원이 끝나면 밤늦게 과외를 받는 아이들도 있다. 국어, 영어, 수학, 사회, 과학, 국사 등등 전 과목을 다 학원 다니는 아이들도 많다. 월요일부터 일요일까지 매일 학원에 가는 것이다. 언제 쉬냐고 물었더니 일요일 오후에 잠깐 쉴 수 있다고 했다. 옆에서 보면 이렇게까지 해야 하나 싶은 생각이 들 정도다.

그런 아이들을 보며 항상 하는 생각이 있다. '도대체 자기 공부는 언제 하지?'

'자기 공부시간과 성적이 비례한다.'라는 명제는 참이라고 생각했다. 그런데 대부분의 명문대 학생은 학원에 다녔다. 그럼 그 대학생들은 다 자기 공부를 적게 하고 대학에 온 것일까? 그렇지 않다.

학교와 학원을 다니면 혼자 공부하는 시간이 많이 줄어든다. 그럼에도 좋은 성적을 낸 아이들은 혼자 공부하는 시간을 확보한다. 자투리 시간을 내서 어떻게든 학원 숙제를 한 것이다. 독하게 공부해야 결과를 얻을 수 있다.

이제는 학원에서도 시험시간과 공부시간을 제공해준다. 학원도 혼자 공부하는 것의 중요성을 안다. 대부분의 아이들은 의지가 부족하다. 그래서 학원에 안 가고 혼자 공부를 못한다. 학원에서는 강제 자습 시간을 제공해준다. 질문조교가 클리닉도 진행해준다. 모의고사를 보는 시간도 제공해준다. 학원의 관리 시스템은 점점 발전하고 있다.

대형 학원조차 많이 바뀌었다. 칠판식 수업+모의고사+클리닉+자기주도 시간 등을 갖는 것이다. 클리닉 시간과 자습시간을 잘 활용해야 공부가 완성이 된다. 그만큼 자기 공부 시간이 중요하다.

문제가 되는 것은 혼자 공부하는 양이 적은 대부분의 아이이다. 학원에서 수업을 들으면 그 순간에는 이해가 된다. 정확히는 '이해가 됐다고 착각'하게 된다. 하지만 혼자만의 시간을 갖고 복습을 하지 않으면 말짱 도루묵이다. 결국 학원은 학원대로 다니면서 실력은 전혀 늘지를 않는다. 돈과 시간을 이미 쓴 상태에서 그렇게 점수가 오르지 않으면 남 탓을 하게 되는 것이다.

미국 아이오와 대학의 연구팀은 재미있는 결과를 내놓았다. 학생들을 두 그룹으로 나누었다. 한 그룹은 유창한 강의를, 다른 그룹은 딱딱하고 지루한 강의를 듣게 했다. 두 강의의 내용은 동일했다.

강의가 끝나고 두 그룹 학생들은 같은 시험을 봤다. 결과는 어떠했을까? 만점을 1이라 했을 때, 유창한 강의를 들은 그룹과 아닌 그룹은 각각 0.25, 0.23의 점수를 기록했다. 거의 차이가 없는 것이다.

이번엔 두 그룹이 강의를 들은 후 복습을 할 수 있게 했다. 그러자 각각 0.44, 0.4점의 점수를 기록했다. 두 실험 모두 유창한 강의를 들은 그룹이 근소하게 앞섰다. 하지만 복습을 했을 때 훨씬 큰 점수 상승이 있었다. 복습이 얼마나 중요한지 알 수 있게 해주는 실험이다.

강의보다 복습이 중요함에도 학생들은 일타 강사의 수업을 찾아 듣는다. 그 이유 중 하나는 콘텐츠가 다르기 때문이다. 위 실험에서는 내용이 동일하다고 가정했지만 실제로는 내용도 다르다. 일타 강사들은 강의도 잘하지만 강의 구성, 문제들이 좋은 경우가 많다. 명심해야 할 것은 그러한 강의를 들었을 때도 복습을 안 하면 큰 효과가 없다는 것이다. 반대로 좋은 강의에 복습까지 이루어지면 엄청난 효과를 볼 수 있다.

공부는 혼자 고민할 때 완성된다

공부는 내가 해야 한다. 유명 강사, 선생님이 시험을 대신 봐주지 않는다. 시험은 내가 보는 것이다. 호날두나 메시가 축구하는 모습을 아무리 봐도 축구 실력은 늘지 않는 것이다. 물론 몇 가지 개인기나 각종 스킬은 흉내 낼 수 있다. 하지만 그라운드에서 직접 연습해야지 내 것이 되고 실력이 느는 것이다.

학원을 다니는 것도 마찬가지이다. 좋은 학원일수록 선별된 자료를 제공해준다. 그리고 공부 가이드까지 제공해준다. 하라는 대로 따라 하면 점수가 잘 나오는 경우도 많다. 유명 토익학원에 다니게 되면 문제들을 엄청 많이 나누어준다. 스터디 그룹도 만들어준다. 학원에서 주는 자료만 다 풀고, 배운 대로만 하면 900점 이상은 그냥 넘길 수 있다. 하지만 그것들을 다 못 하면 의미가 없다. 학원은 상황만 조성해줄 뿐 결국 혼자서 해야 하는 것이다.

나는 학원에 안 다니고 혼자 공부했다. 그만큼 시행착오를 많이 겪었다. 시행착오를 많이 겪는 것은 괜찮다. 그렇게 배우는 것들은 다시는 잊지 않기 때문이다. 하지만 문제는 궁금한 것들이 생길 때였다.

예를 들어 구분구적법을 이용하여 도형의 넓이를 구한다고 하자. 구분구적법이란 도형의 넓이를 '계산하기 쉬운 작은 도형들의 넓이 합'으로 표현하고 극한을 취하는 것이다. 직관적으로는 그 극한이 도형의 넓이가 될 것 같다. 하지만 정확히 왜 그런지 알지 못했다. 극한문제를 직관으로 풀면 틀리는 것들도 종종 있었기 때문이다.

이러한 궁금증들이 수학 곳곳에서 생겼다. 나는 혼자 고민하고 끙끙 앓으며 해결하려 했지만 실패했다. 궁금한 것이 워낙 많았다. 하지만 물어볼 곳이 없었다. 결국 나는 '이건 몰라도 시험 잘 볼 수 있어.'라고 타협하고 넘어갔다.

내가 궁금했던 대부분의 주제는 대학에 와서 해결이 되었다. 구분구적법과 관련된 질문은 '리만 적분 가능'에 관해 배우면 금방 알 수 있게 된다. 만약 내가 학원에 다녔다면 속 시원하게 질문을 해결하고 빠르게 다음 단계로 넘어갔을 것이다.

혼자 공부하는 것은 너무나 중요하다. 반면 나처럼 너무 오래 혼자 공부하면 속도가 많이 느려질 수 있다. 그리고 때로는 '오개념'이 생기는 경우도 있다. 남들이 다 아는 스킬도 혼자 모르는 경우가 있다. 그래서 강의를 적절히 듣는 것이 도움이 된다.

만약 하루에 2시간의 수학수업을 듣는다고 하자. 그렇다면 최소 2시간 이상은 복습에 투자해야 한다. 배운 것만 풀면 시간이 남을 수도 있다. 그런 경우엔 배운 내용을 바탕으로 비슷한 문제들을 풀어봐야 한다. 배운 내용들을 내 것으로 체화시켜야 하는 것이다. 거기에 숙제까지 하는 시간을 더한다면, 대략 5~6시간은 공부해야 한다. 생각보다 많은 시간을 확보해야 하는 것이다. 간혹 하루 종일 수학학원에서 공부해야 하는 경우가 있다. 그런 경우에는 학원 시스템에 자습 시간까지 포함되어 있는 경우가 많다. 그 시간을 잘 활용하자.

공부를 하는 것은 음식을 먹는 것과 같다. 맛있는 음식을 많이 먹는 것은 행복한 일이다. 하지만 결국 내가 씹어 먹고 소화시켜야 한다. 랍스타, 돼지갈비, 치킨, 회 등등 맛있는 것을 다 먹으라고 하면 어떻게 될까? 다 먹지 못하고 남기게 될 수밖에 없다. 학원을 다니는 것은 맛있는 음식을 받는 것과도 같다. 하지만 내가 소화할 시간을 따로 확보해야 한다. 수업을 들은 뒤 빨리 할수록 좋다. 간혹 바쁘다는 것을 이유로 뒤늦게 몰아서 복습을 하는 경우가 있다. 그것도 좋다. 안 하는 것보다 100배 낫다. 공부의 완성은 자기주도라는 것을 기억해야 한다. 양질의 수업을 들어도 혼자 고민하고 흡수하는 시간이 필요하다. 특히나 수학이란 과목은 더더욱 그렇다. 혼자 공부하는 시간을 충분히 확보하자. 만약 배우는 것만 너무 많고 공부할 시간이 없다면 과감히 배우는 시간을 줄여라. 의미 없이 돈과 시간만 버리고 있는 것일 수 있다.

맛있는 음식을 잘 소화하자. 그리고 튼튼한 사람이 되자. 어떤 시험에서도 휘청거리지 않게 될 것이다.

마법같이 수학이 쉬워지는 Q&A

연애는 안 하는 게 좋나요?

(이성 때문에 싱숭생숭한 고1 K학생)

고등학교 때는 이성에 관심이 가는 시기입니다. 결론부터 말하면 연애는 공부에 도움이 되지 않아요. 성인이 아니기 때문에 감정을 컨트롤하는 법을 잘 모르기 때문입니다. 서로 신경 쓰여서 공부하기가 쉽지 않죠. 간혹 둘 다 공부에 관심이 있어서 서로 좋은 영향을 주는 경우는 있습니다. 같이 만나서 공부하고 정보도 공유하는 것이죠. 그렇게 나란히 대학에 가는 경우가 간혹 있습니다. 전제조건은 둘 다 공부에 뜻이 있어야 하고 자신을 컨트롤할 수 있는, 철 든 학생이어야 한다는 거죠. 하지만 대체로 연애를 안 하는 것이 더 공부에 집중하기 좋습니다.

mathematics

CLASS 4

만점을 목표로 하는 7가지 기술

01

120점 받을 각오로 공부하라

/

"독서실에서 마지막까지 남아 공부를 한다. 웃기는 일이었다.
내가 공부를 제일 잘하는데 내가 제일 열심히 한다."
-어느 서울대 의예과 합격생

점수를 비판적으로 바라보자

당신이 목이 마르다. 그런데 탁자 위의 컵에 물이 반밖에 없다고 하자. 당신은 어떤 생각을 하겠는가? 물이 반밖에 없다고 할 수 있다. 반면 물이 반이나 있다고 할 수도 있다. 모든 것은 생각하고 바라보기 나름이다.

이번엔 당신이 시험을 봤다. 한 문제를 틀려서 96점을 받았다고 해보자. 이 경우는 어떠할까? 대부분의 사람은 '하나만 더 맞았으면 100점이네. 아깝다. 거의 100점이나 다름없어.'라고 생각할 것이다. 하지만 반대로 생각할 수도 있다.

"나는 실수를 많이 하는 사람이야. 원래 내 실력대로면 92점이 나왔어야 하는데 운 좋게 해야 할 실수 하나를 덜했어. 그래서 96점이 나왔다."

이렇게 말하는 사람은 거의 없을 것이다. 누군가 이렇게 말하는 사람을 본다면 부정적이라고 비판할 수도 있다. 맞는 말이다. 꿈보다 해몽이다. 이왕이면 좋게, 긍정적으로 해석하는 것이 좋다. 그래야 기분이 좋아진다. 하지만 때로는 이러한 생각이 독이 될 수 있다. 특히 공부를 할 때 그렇다. 실력이 성장하기 위해선 긍정적인 피드백은 필수이다. 그러나 가끔은 스스로에게 비판적이어야 한다. 그래야 실력이 늘 수 있다. 실수도 실력이란 생각을 가져야 하는 것이다.

고등학교 때 모의고사를 보고 한두 문제를 틀릴 때가 있었다. 모의고사는 직접적으론 내신에 반영되지 않는다. 모의고사를 막말로 5점을 받아도 아무런 지장이 없다. 그래서 모의고사에는 관대한 편이었다. 한 개 틀려도 '나는 사실 100점이나 다름없어.'라고 생각했다. 수능이 실전이고 그 전 모의고사는 연습이기 때문이다. 물론 고3 때부터는 모의고사에서 한 문제 한 문제에 민감하게 반응했다.

반면 수행평가나 내신 시험에서 한 문제를 틀리면 큰 고민에 빠졌다. 대학 입시에 직접 반영이 되는 점수이기 때문이다. 그 비율이 매우 적어도 말이다. 내신 수학시험에서 한 문제를 틀려도 깊은 고민에 빠졌다. 내가 틀린 이유는 무엇일까? 단순 실수일까? 사람은 왜 실수를 하는 걸까? 내가 훨씬 더 잘했다면 쉽게 100점을 받았을까? 긴장을 해서 그런 것일까? 등등 많은 생각을 했다.

내가 학생들에게 종종 하는 이야기가 있다. 100점을 받는 학생은 실제로 120점 받을 수 있는 학생이라고 말이다. 100점을 뛰어넘는 실력이지만 점수는 100점이 만점이므로 100점이 나오는 것이다. 반면 100점 정도의 실력이라고 하자. 그렇다면 컨디션이 좋은 날에는 100점이 나올 것이다. 하지만 컨디션이 조금만 안 좋다면 96점, 혹은 92점까지도 내려갈 수 있다.

시험 점수는 처음엔 진동하다가 수렴하는 수열과 같다. 내가 90점을 받을 수 있는 실력이라 하자. 실제로 5번의 시험을 보면 84, 88, 90, 93, 95처럼 나오게 되는 것이다. 그러나 사람들은 제일 높은 95점의 점수만 기억하고 자신의 실력이라 이야기한다. 그렇게 말하면 멘탈은 유지할 수 있다. 하지만 성적은 상승하지 않는다. 자기 점수의 산술평균, 혹은 최빈값 등을 볼 줄 알아야 한다. 그리고 어떻게 하면 극복할 수 있을지 고민해야 한다. 그렇다면 구체적으로 어떤 것에 신경 써야 할까?

120점까지 오르기 위한 팁

우선 실수도 실력이라고 생각해야 한다. 수많은 고등학생이 계산 실수로 고통을 받는다. 수학 시험에서 실수는 큰 적이자 반드시 해결해야 하는 과제이다. 내가 가르치는 아이들은 모두 중간고사, 기말고사를 본다. 그 과정에서 굉장히 많은 '실수 사례'들을 접하게 된다. 서술형 문제에서의 실수는 부분점수라도 받을 수 있다. 하지만 안타깝게도 대부분의 문제는 객관식 혹은 단답형이다.

2 더하기 3을 6이라 쓰는 것과 같은 기초적인 실수를 하면 그냥 틀리게 된다. 실제로 이러한 수준의 실수로 문제를 틀린 아이들이 부지기수다. 너무나 안타까운 일이다. 본인 실력에 비해 실수로 인해 점수가 낮게 나오면 사람은 우울해진다.

시험이 끝난 직후에는 위로를 해준다. 그리고 감정을 좀 회복하면 냉철하게 조언한다. 실수도 분명 실력이다. 실제로 어려운 시험에서도 100점에 가까운 점수를 받는 아이들은 더 위의 레벨에 있는 것이다.

실수는 고칠 수 있는 실수와 고치기 힘든 실수가 있다. 고칠 수 있는 실수들은 습관에서 비롯된다. 가령 문제 조건을 제대로 안 읽고 푸는 경우가 있다. 예를 들어 '2 이상의 자연수 a에 대하여 $a^5(a-5)^3 < 0$을 만족하는 a의 개수는?'이라는 문제가 있다. 부등식을 풀어서 $0 < a < 5$가 나왔다면 답은 2, 3, 4 이므로 3이라고 써야 한다. 그러나 조건을 보지 못하면 답을 4라고 할 것이다. 문제 조건을 꼼꼼하게 보지 못하면 실수할 수밖에 없다.

암산을 많이 해도 위험할 수 있다. 암산을 하면 답은 빨리 낼 수 있지만 틀릴 위험이 있다. 나는 시험을 볼 때 $\frac{1}{3}+\frac{1}{2}$이 나오면 $\frac{1}{3}+\frac{1}{2}=\frac{2}{6}+\frac{3}{6}=\frac{5}{6}$라고 쓴 적도 있다. 너무나 간단한 계산이라 암산이 가능하지만 틀릴 가능성을 줄이기 위함이다. 분수 계산에서 실수를 많이 했기에 이렇게까지 꼼꼼하게 문제를 풀었다.

실수가 자주 나오는 문제들은 더 열심히 공부해야 한다. 예를 들어서 정적분 계산 문제를 풀 때는 누구나 실수를 많이 한다. 실수를 할 포인트가 많은 문제다. 그러므로 실수를 해놓고 아깝다고 하면 안 된다. 경우를 나누어서 풀어야 하는 고난도 경우의 수 문제도 조심해야 한다. 경우의 수 고난도 문제도 실수할 포인트들이 너무나 많다. 한 가지 경우를 덜 세거나, 덧셈 및 곱셈을 잘못할 소지가 많다. 틀려놓고 아깝다고 할 수 없는 문제들이다. 실수는 어느 정도 노력으로 극복이 가능하다.

시간 관리도 철저히 해야 한다. 어려운 시험일수록 우리의 가장 큰 적은 시간이다. 시험을 본 뒤 집에 가서 문제를 풀면 너무나 잘 풀린다. 그것을 가지고 아깝다는 생각이 들면 안 된다. 누구나 그렇기 때문이다. 정해진 시간 안에 문제를 빠르게 푸는 것도 실력이다. 실력을 월등히 늘리면 해결되는 문제다. 또한 평소 시간을 재고 문제를 푸는 습관이 필요하다.

그래서 학원에서 시간을 재고 모의고사를 보는 것이 중요하다. 물론 학원에 안 다니면 혼자서 시간을 재고 문제를 풀면 된다. 하지만 강제성이나 분위기에서 차이가 있다.

평소에는 시간을 더 적게 잡고 시험을 보는 것이 좋다. 가령 수학 수능시험은 100분간 치른다. 그렇다면 평소에는 90~95분 정도 시간을 재고 시험을 보는 것이다. 시험장에서는 변수가 많기 때문이다. 공부를 잘하는 사람은 항상 극단적인 상황을 가정한다. 시험장에서 갑자기 집중이 안 돼서 시간을 버릴 수도 있다. 마킹을 실수해서 시간을 버릴 수도 있다. 그래서 항상 실전에서의 조건을 최악이라 가정하고 공부해야 한다.

나는 영어 모의고사를 보면 다 풀어도 보통 10분 이상이 남았다. 하지만 수능 시험장에선 달랐다. 문제를 풀다가 갑자기 이상한 생각이 들었다. '지금 내가 이 문제를 안 풀면 어떻게 되지?'라는 엉뚱한 생각을 했다. 긴장이 됐다. 그래서 평소보다 시간이 오래 걸렸다. 마지막 답안을 마킹하고 5초 뒤에 종소리가 울렸다. 소름이 돋았다. 평소에 빠르게 푸는 연습을 안 했다면 시간 부족으로 마킹도 못하고 끝났을 것이다.

'수능대박'이라는 말이 있다. 모의고사는 못 봐도 된다. 정시를 준비하는 학생의 입장에선 수능 성적 하나가 제일 중요한 것이다. 하지만 그것이 쉽지가 않다. 점수는 평소 실력으로 수렴하는 수열이다. 따라서 평소에 모의고사도 집중해서 봐야 한다.

운 좋게 평소 실력보다 더 잘 나올 수 있다. 하지만 더 안 나올 수도 있다. 운에 기대기에는 시험 하나하나가 너무나 비중이 크다. 목표가 1등급을 받는 것이라면 평소에 안정적인 1등급에 들어갈 각오로 공부를 해야 한다. 목표가 100점을 받는 것이면 120점 받을 각오로 공부해야 한다. 그래야 100점이 나온다.

자기 자신을 객관적으로 냉철하게 바라보자. 좋았던 점수만 기억하지 말자. 그리고 목표를 설정하자. 목표가 정해지면 그 이상의 목표를 다시 잡고 그것을 이루도록 노력해라. 시험을 보고서 더 이상 아쉬워하지 않게 될 것이다.

02

개념은 문제를 풀 때 비로소 내 것이 된다

/

"내가 푼 문제마다 이후 다른 문제를 푸는 데 도움이 되는 규칙이 있었다."
–데카르트(프랑스 철학자, 수학자)

나만의 개념 스토리를 만들자

군대를 다녀오면 이차방정식의 근의 공식도 잊게 된다는 말이 있다. 군대를 갔을 때 제일 걱정한 부분이 이런 점이었다. 아는 것을 다 잊어버리고 머리가 초기화되는 것은 아닐까 두려웠다. 그래서 나는 30km 행군을 하며 머릿속으로 수학 공식을 정리했다.

야간 행군은 보통 저녁 8시에 시작해서 새벽 4시에 끝난다. 행군이란 정말 고되다. 완전군장을 메고 방독면에 총까지 들어야 한다. 무거운 군화를 신고 장장 30km를 걷는다. 처음에는 몸이 힘들다. 하지만 금방 적응된다. 나중에는 지루해서 힘들다. 심심해지는 것이다. 그래서 한 가지 주제를 진득하게 생각하기 좋다.

행군을 하며 개념 위주로 고등수학을 처음부터 끝까지 훑었다. 그리고 주요 내용들을 증명했다. 개념이 제일 중요하다고 생각했기 때문이다. 고등학교 것을 다 정리한 뒤 시간이 남았다. 그래서 대학교에서 배운 부분까지 정리를 했다. 나만의 개념 스토리를 만든 것이다. 이러한 노력 덕분인지는 모르겠지만, 전역 후에도 근의 공식이 기억났다.

내가 개념 스토리를 만든 것은 고등학교 때 수학선생님의 영향이 컸다. '정연석' 선생님은 항상 '나만의 개념 스토리 보드를 만들라.'고 강조하셨다. '개념 스토리보드'란 수학 개념의 흐름을 정리하는 것이다. 첫 개념을 시작으로 다음 개념이 적절한 인과관계에 의해 등장해야 한다. 마치 역사 공부를 하듯 특정 단원을 정복하는 것이다. 실제로 종이에 적을 필요는 없다. 하지만 노트에 적어두면 더 기억하기 좋다.

예를 들어 수열을 공부한다고 하자. 수열의 정의, 등차수열과 등비수열의 정의와 성질, 합에 관한 이야기, 다양한 수열들, 점화식, 수학적 귀납법 순으로 개념을 말할 수 있어야 하는 것이다. 개념이 잘 잡혀 있다면 한 번도 안 쉬고 쭉 이야기할 수 있다.

당시 나는 그 말이 이해가 되지 않았다. 문제 풀기 급급했기 때문이다. 개념도 대충은 다 아는데 왜 그렇게 정리해야 하나 싶었다. 아이러니하게도 대학에 입학하고 나서 그 뜻을 알게 되었다. 수학 과외를 하면서 나만의 스토리보드가 완성이 되었다. 개념이 탄탄하다는 것은 남에게 설명 가능한 수준이어야 한다. 남에게 설명할 수 있다는 것은 전래동화를 읽어주듯 술술 말할 수 있다는 말이다. 그 효과는 매우 좋다.

수학은 개념, 적용, 응용으로 이루어진다

수학 공부는 크게 3단계로 이루어져 있다. '개념, 적용, 응용'이다. 게임을 하듯 한 단계를 마스터하면 다음 단계로 넘어가는 것이 아니다. 수학에 '마스터'라는 개념은 없다. 개념만 계속 본다고 개념이 잡히지 않는다. 그래서 적용 단계를 왔다 갔다 하면서 개념을 잡아야 한다. 적용에 많이 익숙해졌다고 느끼면 응용 단계로 가면 된다. 이때쯤이면 개념이나 적용 단계로 돌아오는 횟수는 극히 적어질 것이다. 하지만 개념의 허를 찌르는 문제들이 우리를 기다리고 있다. 그래서 앞의 내용을 다시 볼 수밖에 없다.

『쎈 수학』이 많은 사람들이 아는 교재다. 이를 통해 살펴보도록 하겠다.

개념 단계에선 기본적인 정의 및 성질들을 익힌다. 『쎈 수학』에서 개념 페이지 및 A스텝에 해당한다. A스텝이 안 풀린다면 너무 오랜 시간 고민할 필요가 없다. 보통은 개념이 안 잡혀 있어서 안 풀리는 경우가 많기 때문이다.

사실 개념을 정립하기 위해선 개념서가 따로 있는 것이 좋다. 『쎈 수학』은 개념서가 아니라 다양한 문제를 연습할 수 있는 '워크북' 형태이기 때문이다. 워크북용으로 쓰인 교재에 개념은 간결하게 요약만 되어 있을 뿐이다. 나는 개념서로 『수학의 정석』을 사용했다. 혼자 공부하던 나에게 『수학의 정석』은 글이 많아서 책처럼 읽기 좋았다. 요즘에는 워낙 좋은 개념서들이 많으니 자신에게 맞는 것을 잘 골라서 사용하면 된다.

유명 강사들의 개념서로 공부해도 좋다. 단, 대체로 강사의 강의와 어우러질 때 시너지가 생기게끔 책이 쓰여 있다. 따라서 강의와 책을 같이 보는 것이 좋다.

적용은 직접 문제를 풀어보는 단계이다. 『쎈 수학』에서 B스텝 정도의 문제들을 풀어보는 것이다. 이 단계만 잘 넘기면 중위권 이상으로 올라갈 수 있다. 그만큼 중요한 단계이다.

적용단계에서는 보통 '유형화된 문제'들을 많이 접하게 된다. 어느 문제집을 풀더라도, 카테고리 별로 문제들이 모아져 있다. 예를 들어 고1 때 '인수정리'를 배우게 된다고 하자. 그러면 '일차식으로 나눌 때', '이차식으로 나눌 때' 등의 '작은 유형'으로 분리되어 있다.

하나의 '작은 유형'에는 보통 4~5문제가 있다. 보통은 첫 번째 문제는 쉽고 뒤로 갈수록 난이도가 올라간다. 간혹 첫 번째 혹은 두 번째 문제에서 막히는 경우가 있다. 나는 그럴 때 해답지를 봤다. 그리고 푸는 방법을 익혔다. 이후 나머지 문제를 다 풀고 다 맞게 되었다. 나머지 문제들을 풀 때는 해답지를 안 보고 풀었다. 그래서 내 실력이 올라간 줄 알았다. 이게 옳은 방법일까?

나는 이 방법이 안 좋다는 것을 고2가 될 때 알게 되었다. 나처럼 풀면 진도도 빠르게 뺄 수 있고 기분이 좋아진다. 하지만 나는 내 실력으로 문제를 푼 것이 아니다. 유형에 대한 암기로 문제를 푼 것이다. 그렇게 푼 문제들은 나중에 다시 보면 낯설게 느껴졌다. 혹은 조금만 변형을 가해도 감이 오질 않았다.

그래서 나는 '적용' 단계에서 웬만하면 답을 보지 않았다. 문제가 안 풀리면 무조건 내 실력 탓 혹은 개념 탓을 했다. 개념을 모르는 것일 수도 있으니 개념 단계로 가기도 했다. 개념에 문제가 없는 것 같다고 판단하면 30분 이상을 고민했다. 겨우 센 B스텝을 풀면서 말이다. 그렇게 공부해 나가니 처음엔 시간이 오래 걸려도 점차 속도가 붙었다. 그리고 무엇보다 실력이 상승한다는 느낌이 들었다. 그렇게 체화된 문제들은 나중에 풀어도 풀 수 있게 되었다.

마지막 단계는 응용이다. 이 단계를 잘 거쳐야 상위권이 될 수 있다. 센 C단계 혹은 모의고사 4점 문제들 중 어려운 것들을 생각하면 좋다. 수학이 아무리 기본기와 개념이 중요해도 쉬운 문제만 계속 풀면 실력이 늘지 않는다. 쎈 B스텝 1만 문제를 풀어도 어려운 4점 문제 하나를 못 풀 수 있는 것이다.

어려운 문제들은 우선 여러 가지 개념이 종합적으로 들어가 있다. 그렇다면 그 개념들을 다 알기만 하면 풀 수 있을까? 아니다. 어려운 문제는 몇 가지 단계를 나누어 풀어야 하므로 이때 단계를 하나하나 해결해 가야 하는 힘이 필요한 것이다. 그래서 어려운 문제만 푸는 연습을 따로 해야만 한다. 그래야 시간 안에 잘 풀 수 있다.

어려운 문제는 문제 자체가 어려운 경우도 있지만 개념의 허점을 노리는 것도 많다.

예를 들어 서울대 기출로도 나왔던 대칭 미분계수를 살펴보자.

함수 $f : R \to R$가 연속이라 하자.

정의역의 점 a에 대하여 $\lim_{h \to 0} \frac{f(a+h) - f(a-h)}{2h}$가 존재하면

$f'(a)$가 존재한다고 할 수 있을까? 이 문제의 역은 성립한다. 하지만 원래의 질문에는 반례가 존재한다. $f(x) = |x|$, $a = 0$을 생각하면 된다. 문제에서 주어진 극한은 존재하지만 함수 $|x|$는 $x = 0$에서 미분이 불가능하다.

많은 학생들이 개념을 정확하게 모르기 때문에 이러한 문제를 틀린다. 하지만 개념을 백날 본다고 이러한 문제를 풀기 쉬운 것이 아니다. 그래서 개념의 허점을 노린 고난도 문제들을 많이 풀어봐야 한다.

개념은 수학의 시작이자 끝이다. 개념을 잘 잡기 위해선 개념서가 반드시 있어야 한다. 시중에서 유명한 것을 구해도 좋고, 유명 강사의 교재를 활용해도 좋다.

개념을 공부할 땐, 단순히 암기과목을 공부하듯 하면 안 된다. 물론 몇 가지 공식은 외워야 한다. 하지만 그러한 개념이 나오게 된 배경을 이해하고, 직접 증명해보는 연습이 필요하다. 그래야 개념이 내 것이 된다.

수학공부는 크게 개념, 적용, 응용으로 나뉜다. 수학에 완벽함이란 없음을 기억하자. 어려운 응용문제를 풀면서 끊임없이 개념을 돌아보아야 한다. 아이러니하게도 개념은 어려운 문제를 풀 때 완성됨을 기억하라.

지금 당장 좋은 개념서를 구입하자. 그리고 자신이 어느 단계에 있는지 잘 파악해보자. 앞서 말한 3단계로 열심히 공부해보자. 어느 순간 나만의 개념스토리가 생길 것이다.

마법같이 수학이 쉬워지는 Q&A

문제집을 3번 돌렸는데 왜 성적이 안 나오죠?

(노력에 비해 시험 성적이 안 나온다고 생각하는 고2 M학생)

공부의 기준은 자신에게 두어야 합니다. 어떤 사람은 정석을 2번을 돌리고도 서울대에 갈 수 있습니다. 반면 어떤 사람은 5번을 돌려도 떨어질 수 있는 것이지요. 어떤 책을 몇 번 반복하면 된다는 룰 같은 것은 없습니다. 그리고 책을 n독 할 때, 어떻게 공부했는지도 중요합니다. 단순히 많이 보는 게 중요하지 않은 거죠. 한 번을 보더라도 잘 보고 잘 푸는 것이 중요합니다. 본인의 실력이 증가하는 데 초점을 두어야지, 몇 번 반복했는지가 기준이 되면 안 됩니다.

03

불필요한 관계를 정리하라

/

"똑똑한 거리 두기가 건강한 인간관계를 만든다."
–『나는 까칠하게 살기로 했다』

공부가 1순위가 되면 다른 약속은 밀려난다

부자가 되는 법은 2가지가 있다. 돈을 많이 벌거나 나가는 돈을 줄이면 된다. 대부분의 직장인은 정해진 월급이 꼬박꼬박 들어온다. 따라서 불필요한 지출을 줄이는 게 중요하다.

한 달에 일정하게 나가는 돈이 있다. 나는 스마트폰을 사용한다. 할부금과 데이터 이용료 등으로 10만 원 상당의 돈이 나간다. 그리고 국민연금과 건강보험료를 낸다. 학원까지 가는 대중교통이 좋지 못해서 차를 타고 다닌다. 왕복 70km다. 기름 값만 어마어마하다. 집에 살려면 월세를 내야 한다. 이것들만 합쳐도 이미 꽤 많은 돈이 나간다. 이것저것 합치면 적은 금액이 아니다.

이외에 불필요한 비용은 최소화하려고 노력한다. 머리도 저렴한 데서 자른다. 밥도 학원 앞 분식집에서 먹으면 행복하다. 커피도 자주 마시지 않는다. 비싼 옷도 사지 않는다. 대신 아이들에게 간식을 사주어야 할 때는 아끼지 않는다. 원래는 더 많은 고정비용이 있었다. 월급을 받으면 기념으로 친구들과 술을 먹었다. 수업이 끝난 밤에는 혼자서 치킨을 시켜 먹었다. 고생했다는 차원에서 위로를 하는 것이다. 쇼핑도 했다. 월급을 받을 때마다 매달 그랬다. 그러다가 어느 날 너무나 많은 고정비용이 나간다는 것을 알았다. 그래서 과감히 불필요한 비용을 없애기로 했다. 사치를 할 수준이 아닌 것이다.

공부를 할 때도 불필요한 것들을 정리해야 한다. 공부를 잘하려면 3가지가 필요하다. 시간과 의지, 돈이다. 돈이 있어야 교재를 살 수 있다. 독서실에 가더라도 돈이 필요하다. 학원이나 과외를 받는다면 훨씬 많은 돈이 필요할 것이다. 많든 적든 돈은 필요하다. 최소한의 교재로 집에서 혼자 공부하면 좋겠지만 그러기가 쉽지 않다. 의지가 필요한 것은 누구나 아는 사실이다. 앞서 강조했듯, '왜' 공부해야 하는지 알아야 한다. 다른 모든 조건을 갖추어도 의지가 없으면 공부를 잘할 수 없다.

마지막으로 시간이 확보되어야 한다. 시간은 유한하다. 그리고 고정으로 사용되는 시간이 있다. 따라서 남은 시간을 어떻게 사용하느냐가 성패를 좌우한다. 돈으로 비유하자면 고정 비용을 줄여야 하는 것이다. 불필요한 시간 사용을 줄여야 한다.

수업을 하기 전 학생들에게 연락이 올 때가 있다. 이러저러한 일로 결석을 해야 한다는 것이다. 내가 인정하는 사유가 있고 인정하지 않는 사유가 있다. 인정을 하는 사유는 사실 별로 없다. 봉사활동, 영재교육원 가기, 수행 준비 차 멀리 가야 하는 경우(대학교 교수님 인터뷰, 대학 캠프 등등)이다. 생기부에 꼭 필요한 내용이면서 날짜를 옮기기 어려운 것은 어쩔 수가 없다. 그러나 그 외의 것들에 대해선 부정적인 편이다. 학교 수행준비를 해야 하는데 조원들끼리 회의할 시간을 학원 가야 하는 시간으로 잡는 경우가 있다. 다른 시간으로 잡으면 되는 일이다. 보통 이런 경우 결석하는 학생은 자기주장이 강하지가 않다. 결석할 명분이 생겼다고 좋아한다. 학원을 꼭 다니라는 이야기가 아니다. 하지만 학원을 선택해서 다니기로 했고 배우기로 마음먹었으면 목숨 걸고 공부해야 한다. 돈을 낸 만큼 많이 배우고 무언가를 얻어갈 생각을 해야 한다. 그런 마인드면 학원을 빠질 수가 없다.

가족모임도 자주 등장하는 사유 중에 하나다. 남의 가정사에 참견하는 것은 큰 실례일 수 있다. 하지만 학원에서 공부하기로 했으면 학원을 우선순위로 두어야 한다. 가족모임은 그 시간을 피해서 하면 된다. 가족은 공부를 하는 수험생을 배려해주어야 한다. 내가 본 공부 잘하는 학생들은 그러한 사유로 결석한 적이 단 한 번도 없다. 중학생은 이해한다. 하지만 고등학생이라면 소소한 가족모임도 2순위가 되어야 한다. 3년 동안 해외여행은 갈 필요도 없다. 사치일 뿐이다. 대학 가서 많이 가면 된다.

시험기간이 끝나면 멘탈 관리차원에서 결석하는 아이들이 있다. 몸과 마음이 지친 것이다. 특히 시험을 망친 경우는 우울해서 가기 싫을 수 있다. 학원에 가기 쪽팔린 것이다. 도피하고 싶은 그 심정을 충분히 이해한다. 하지만 막상 가면 생각보다 덜 힘들고, 생각보다 남들이 나한테 신경을 안 쓴다는 것을 알게 될 것이다. 그러므로 웬만하면 가는 것이 좋다. 그래도 너무 힘들면 선생님과 상담을 해보자. 그리고 맛있는 것 얻어먹고 기운 내서 공부하면 된다.

반장이 되고 싶어 하는 학생이 없다면, 공부 잘하는 학생이 반장이 된다. 그래서 나는 종종 반장을 했다. 자연스레 학생회에 노출되었고, 학생회 활동을 권유받기도 하였다. 학생회 활동은 멋있어 보였다. 요즘 표현으로 '인싸'가 되는 것이다. 하지만 공부를 하는 데 별로 도움이 되지 않아 보였고 과감히 안 한다고 했다. 만약 학생회 활동을 했으면 주기적으로 시간과 에너지를 많이 빼앗겼을 것이다. 이처럼 나는 불필요한 활동은 애초에 싹을 잘랐다.

친구 관계가 제일 어렵다

친구와의 관계가 가장 조심해야 할 부분이다. 수행을 준비하다가 관계가 서먹해진 아이들을 많이 봤다. 내신이 중요하니 친구가 경쟁상대로 보이게 된다. 그러면 관계는 더 안 좋아질 수 있다. 학생들은 성인이 아니므로 갈등 해결능력도 미약하다.

더 안 좋은 것은 이러한 친구들과의 싸움이 공부에도 영향을 준다는 것이다. 공부할 것도 많은데 '감정 문제'가 끼어들면 정말로 시간이 부족해진다. 같이 발전할 수 있는 친구들을 만나야 한다. 어쩔 수 없이 다양한 친구를 만나면 최대한 잘 지내는 것이 좋다. 굳이 적을 만들 필요는 없다. 현명하게 관계를 유지하되 그들로 인해 감정 소모가 되는 시간을 줄여야 한다. 항상 감정 소모를 일으키는 친구가 있다면 마음속으로 손절하는 것이 낫다. 좋은 친구들을 사귀어서 불필요한 에너지를 낭비하지 말자.

대학교 때 몇몇 친구는 '보험 계리사'라는 자격증 공부를 했다. 1년 이상의 공부가 필요한 시험이다. 평소 같이 술을 먹고 게임을 하던 친구들이다. 내가 밤늦게 집에 있어도 택시비를 줄 테니 놀러 나오라고 하는 친구들이었다. 하지만 그런 친구들이 공부를 시작하니 거짓말처럼 공부만 했다. 내가 너무 놀고 싶어서 놀자고 해도 단칼에 거절했다. 조금은 야속하기도 했지만 곧 그들을 이해했다. 그들은 친구들과 절교한 것이 아니다. 목표를 위해서 잠시 불필요한 약속들을 잡지 않는 것이었다.

같이 점심을 먹을 때 외엔 보기 힘들었다. 그런 친구들에게 "우정이 중요해, 시험이 중요해?"라고 말해선 안 된다. 이런 이상한 질문을 하는 친구들이 있다면 과감히 손절해라. 친구의 목표를 이해해주지 못하는 사람은 친구가 아니다. 스스로 불필요한 관계를 정리할 줄 알았던 그들은 모두 계리사가 되었다.

공부를 잘하려면 너무나 많은 것들이 필요하다. 우리는 돈도 시간도 부족하다. 할 것이 너무나 많다. 그런데 친구들과 놀 것 다 놀고, 가족 모임 다 가면 도대체 공부는 언제 한단 말인가?

고정적으로 나가야 하는 모임을 조심해라. 한 번 어떤 모임을 들어가면 중간에 나오기 더 미안해진다. 우선순위가 무엇인지 생각해라. 학교와 수행평가, 학원, 과외 등등 무엇이 1순위인지 생각하고 행동해라. 자연스레 다른 약속들은 미루어지게 될 것이다.

불필요한 관계를 정리하고 만들지도 말아야 한다. 그러한 관계를 유도하는 사람과는 만나지 마라. 설령 트러블이 생기면 빠르게 해결해라. 지속되는 감정 소모만큼 해악한 것이 없다. 감정 소모할 시간에 공부를 하는 게 낫다.

목표에 도움이 되는 것으로 주위를 채워보자. 기억해라. 관계를 잘 맺는 것도 실력임을.

04

수면도 공부기술이다

/

"우리는 휴식이란 쓸데없는 시간낭비가 아니라는 것을 알아야 한다.
휴식은 곧 회복인 것이다. 짧은 시간의 휴식이라도 회복시키는 힘은
상상 이상으로 큰 것이니 단 5분 동안이라도 휴식으로 피로를 풀어야 한다."
–데일 카네기(미국의 철강 재벌)

수면과 공부는 뗄 수 없는 관계다

수업을 하다 보면 가끔씩 조는 아이들이 있다. 강사 초창기에는 조는 아이들이 제법 있었다. 단조로운 목소리 톤으로 말하면 아이들은 존다. 간혹 유머 없이 수업만 빽빽하게 해도 졸려 한다. 너무 쉬운 문제를 풀어주면 흥미를 잃고 졸고, 반대로 너무 어려워도 흥미를 잃고 졸기도 한다. 강사는 아이들이 졸지 않도록 노력해야 한다.

시간이 지나며 강의 기술이 생기고, 조는 아이들의 수는 줄어들었다. 하지만 여전히 조는 아이들이 있다. 그리고 항상 같은 아이들이 잔다! 이 경우는 아이들에게 문제가 있는 것이다. 물어보면 수업 전날 늦게 잔 경

우가 태반이다. 수행평가를 하다 늦게 자는 경우가 있다. 이런 것들은 이해한다. 하지만 대체로는 놀다가 늦게 자는 경우가 많다. 유튜브를 보다가 늦게 자거나, 게임을 했다거나 등등의 이유가 있다. 내가 깨워도 다시 잔다. 절대 수면시간이 부족한 경우는 의지가 있어도 공부를 하기 힘들다.

학원을 다니는 것은 의무가 아니다. 선택이다. 돈을 내고 수업을 듣는 것이다. 그러므로 최대의 효과를 얻어가야 한다. 수업을 위해 컨디션 조절을 해야 한다. 주말은 공부를 할 수 있는 시간이 많이 확보되어 있으니 중요하다. 특히 금요일 밤이 중요하다. 금요일 밤에 늦게 자버리면 토요일을 망쳐버린다. 학원 수업도, 자습도 제대로 할 수 없다. 한 번 수면 리듬이 깨지면 길게는 이틀을 고생한다. 일요일까지 날려버리는 것이다. 수면 관리는 스스로 해야 한다.

나는 잠이 많은 학생이었다. 책상에 앉아 집중하려면 이상하게 잠이 왔다. 그럼 책상에 엎드려서 잠을 잤다. 나보다 많이 자는 사람이 있을까 하는 생각이 들었다.

고등학교 때 야간 자율학습을 했다. 줄여서 '야자'라고 부른다. 저녁을 먹고 6시 45분부터 10시까지 야자를 했다. 나는 축구를 매우 좋아했다. 그래서 매일 야자 시작 전까지 30분 정도 축구를 했다. 그 결과 야자 첫 시간에는 항상 잠을 잤다. 짧게는 30분, 길게는 한 시간이나 잤다. 그렇게 자고 나면 머리가 상쾌해지고 공부가 잘됐다. 하지만 주의해야 할 사항이 있다. 나는 친구들 사이에서도 비교적 많이 잔 사람이다. 나만큼 자야 한다는 것은 절대 아니다. 그저 나는 그 정도의 수면 시간이 필요했을 뿐이다.

수면 시간이 아깝다고 생각한 적도 있었다. 잠이 오면 억지로 참고 공부한 적도 있었다. 하지만 그러면 오히려 집중력이 약해지고, 공부한 내용들도 머릿속에 각인되지 않았다. 차라리 제대로 자고 공부하는 게 나았다.

반대로 잠이 안 올 때까지 엎드려 잔 뒤 공부한 적도 있었다. 최장 기록은 독서실에서 6시간을 엎드려 잔 적이 있다. 밤에 7시간이나 잤는데도 말이다. 더 이상 잠이 오지 않았다. 평소 받았던 공부 스트레스를 잠으로 푼 것이다. 그러나 이렇게 오래 자면 공부시간이 줄어들어서 좋지 않다.

자다 깨면 더 자고 싶어진다. 피로가 많이 누적된 상태가 아니라면 이때 일어나는 게 좋다. 더 자나 더 안 자나 똑같다. 세수 한 번 하고 시원한 물 한 모금 마시면 된다. 여러 번의 수면 시간 조절 끝에 이 사실을 알게 되었다. 고3 때부터는 많이 자도 1시간 이내로 잤다. 자신만의 방법을 찾아 집중할 수 있어야 한다. 나는 수면시간을 조절해서 공부 효율을 높였다.

수면 시간은 사람마다 다르다

시험 기간의 수면 시간은 유동적으로 조절해야 한다. 단기 집중력이 필요한 시험 기간에는 수면시간을 줄여서라도 공부해야 한다. 암기과목은 많이 공부할수록 성적이 잘 나온다.

수학시험의 경우는 시험 난이도를 고려해야 한다. 문제가 어려울수록, 창의적일수록 시험 전날 공부해봤자 성적이 크게 달라지지 않는다. 시험이 어렵게 나오는 학교 내신이나, 수능 및 논술이 이에 속한다. 문제가 쉬울수록, 시험 전날 공부한 것들의 효과를 크게 볼 수 있다. 간혹 특정 문제집이나 자료에서 시험이 나온다고 공지하는 경우가 있다. 이럴 땐 잠을 줄여서라도 완벽하게 해당 내용을 봐야 한다.

시험 시간에 졸아서 시험을 망치는 사람들이 있다. 시험이 중요하다는 생각이 있다면 불가능한 일이다. 나는 시험 기간에 너무 긴장을 했다. 그래서 하루에 3~4번씩 화장실을 들락날락거렸다. 나처럼 많이 긴장해야 한다는 것은 아니다. 하지만 시험의 중요도를 생각하면 절대로 잘 수가 없다. 그런 경우에는 기본 정신 상태부터 체크해야 한다.

수면시간은 철저히 본인 기준으로 정해야 한다. 24살에 사법고시에 합격하여 검사로 활동하는 친구가 있다. 사법고시 2차 시험기간에 그 친구는 3일간 2시간만 잤다고 한다. 무서운 집중력과 의지가 있어야만 가능한 일이다.

시험기간에 서울대학교 학생들은 정말 무섭게 공부한다. 대부분의 학생은 메타 인지가 매우 뛰어나다. 즉, 시험을 잘 보기 위해 공부해야 할 분량과 자신의 현재 상태를 정확히 파악한다. 그리고 공부해야겠다는 판단이 들면 주저 없이 밤을 샌다. 밤을 새면 잘 보는 게 아니더라도, 안 새면 더 못 보는 건 확실하다. 학교 도서관에서 밤을 새며 2~3일을 공부하는 경우가 많다. 중간중간 소파에서 자면서 체력을 보충한다. 그리고 좋은 결과를 얻는다.

고등학생이 이러한 사례를 접하고 함부로 밤을 새는 행동은 위험하다. 우선 성인이 되어서는 시험 경험이 많기 때문에 어느 정도 체력 조절이 가능하다. 즉, 밤을 샐 만하니 샌 것이다. 또한 대학생이라도 잠이 많은 학생들은 적당히 공부하고 잔다. 애초에 벼락치기를 할 상황을 만들지 않는다. 시험 전날 엄청난 양의 공부를 버틸 수 있는 체력이 부족하기 때문이다. 앞서 말한 예에서 좋은 성과를 거둔 학생들은 원래 체력도 좋다.

사회 문화 영역의 스타 강사 '이지영' 씨는 하루 3시간씩 자고 공부했다고 한다. 하지만 자신이 체력이 좋았을 뿐 따라 하지 말라고 경고한다. 사람마다 체력은 다 다르다.

가르치던 학생 중 전교 1등을 하던 아이가 있었다. 모범적인 스타일의 학생이었다. 하지만 고등학교 생활 동안 누구나 위기를 겪기 마련이다. 그 아이도 다양한 대회 준비 및 친구 관계 등으로 인해 페이스를 잃어버린 적이 있다. 시험 기간이 되자 초조해졌고, 결국 수학 시험 전날 밤을 새고 말았다. 수학에 자신이 없었기 때문이다.

결국 그 학생은 시험을 못 봤다. 평소 실력보다 한 등급 아래의 점수를 받았다. 시험 보는 동안 멍했다고 한다. 잠을 잘 못 자면 이러한 일이 발생한다. 밤을 새는 것은 누군가에겐 정말로 위험한 모험이 될 수 있다.

시험 기간에는 항상 똑같은 패턴으로 공부했다. 밤을 샐 일이 없도록 평소에 미리 공부하는 것은 기본이다. 시험 전날에 공부해야 할 양을 최소화하기 위해 많이 노력했다.

시험을 보고 집에 오면 늦어도 2시까지는 도착했다. 밥을 먹고 일단 소파에 누웠다. 그리고 4시까지 잤다. 자고 일어나면 머리가 맑아졌다. 그리고 최상의 집중력으로 공부했다.

새벽 2시가 되면 잠이 왔다. 이상하게도 이때쯤 되면 한 시간 가량의 공부가 남았다. 그리고 너무 피곤했다. 평소라면 잠을 잤을 것이다. 하지만 내가 판단했을 때 꼭 봐야 할 내용이 남아 있는 상태라면 무조건 버텼다. 2~3시간 이상의 분량이 필요하고 체력이 없는 경우도 있었다. 그럴 땐 가장 중요해 보이는 것만 딱 1시간만 보고 자겠다고 생각했다. 그리고 1시간을 더 버티고 시험을 봤다. 항상 그때 공부했던 것들이 시험에 나왔다. 나만의 수면 패턴과 공부 방법으로 좋은 효과를 본 것이다. 이후 내신 시험에서 항상 좋은 결과를 얻을 수 있었다.

정해진 수면시간이라는 것은 없다. 사람마다 기본 체력은 다 다르다. 따라서 필요한 수면 시간도 다 다르다. 남들의 공부 후기를 듣고 수면패턴까지 따라 하는 것은 위험하다. 자기에게 맞는 방법을 찾아야 한다.

양질의 수면은 집중력으로 돌아온다. 부족한 수면은 깨어 있는 시간도 망쳐버리는 결과를 가져온다. 잘 자는 게 너무나 중요한 것이다.

중요한 수업 전에는 잘 자는 게 좋다. 수능과 같은 시험 전에는 푹 쉬는 게 좋다. 내신 시험기간에는 잠을 좀 줄여서라도 많이 보는 게 좋다. 하지만 자기만의 페이스를 찾는 게 제일 중요하다.

공부를 잘했던 사람들은 수면도 잘 이용했음을 기억하자. 잠을 컨트롤할 수 있는 사람이 되자. 자면서 꾸던 꿈을 현실에서도 이루는 사람이 될 수 있을 것이다.

마법같이 수학이 쉬워지는 Q&A

기하를 잘 하려면 어떻게 해야 하죠?

(공간 지각능력이 부족하다고 생각하는 고2 L학생)

기하는 크게 좌표를 안 쓰는 '논증기하'와 좌표 및 함수를 쓰는 '해석기하'로 나뉩니다. 실전에서는 둘을 섞어 쓴다고 보면 됩니다. 만약 중학교 때 배운 논증기하가 약하면 반드시 복습해야 합니다. 닮음, 합동, 원의 기본성질 등은 꼭 복습하세요. 그리고 한 문제를 풀 때, 2가지 이상의 방법으로 접근하는 것이 좋습니다. 또한 답을 구했을 때, 그것이 왜 답인지 엄밀하게 설명하는 연습도 하는 것이 좋습니다. 그래야 기하 논리력이 길러집니다. 공간 지각력이 부족하다고 생각해도 걱정하지 마세요. 우리는 어차피 종이(2차원)에 문제를 풀게 됩니다. 평소에 3차원 상황을 2차원으로 어떻게 표현할지 많이 고민하고 그려보는 것이 큰 도움이 됩니다. 종이를 아끼지 말고 다양한 각도에서 그림을 그려보세요. 유클리드는 기하학에는 왕도가 없다고 했습니다. 다양한 팁을 바탕으로 열심히 훈련해보세요.

05

효과적인 암기 기술

/

"친숙한 대상과 연관 지어 암기하라."
– 도미니크 오브라이언(세계 암기력 경연대회 우승자)

수학 공부에도 암기가 필요하다

간혹 수학을 암기과목이라고 말하는 사람들이 있다. 한때는 그렇게 말하는 사람들을 수학의 '수'자도 모르는 사람이라 생각했다. 하지만 아이들을 지도하고 많은 시험들을 보게 하다 보니 일리 있는 말이라는 생각도 든다.

수학이 암기과목이라는 것은 유형에 대한 암기를 의미한다. 암기과목 외우듯 달달 외운다는 뜻이 아니다. 이런 문제는 이렇게, 저런 문제는 저렇게 푼다는 것을 암기한다는 것이다. 실제로 서울대 친구들 중 상당수가 수학을 암기해서 공부했다고 이야기한다. 모르는 문제가 나오지 않을 때까지 시중에 있는 주요 문제들과 수능 및 사설문제를 다 풀었다는 것이다. 그 정도 수준이 되면 수학 실력도 늘지만 암기력도 늘게 된다. 물론 기본적으로 머리가 좋아야 이렇게 풀 수 있다.

유형에 대한 암기 말고 진짜 암기도 필요하다. 수학의 모든 것을 엄밀히 증명하는 것은 쉽지가 않기 때문이다. 고등학교 수학만 해도 그렇다. 극한 개념 같은 경우는 입실론 델타 논법으로 엄밀히 증명할 수가 있다. 이는 대학과정이다. 따라서 고등 과정에서는 증명 없이 결과만 암기한다.

예를 들어 수열 $\{a_n\}, \{b_n\}$이 각각 α, β로 수렴한다 하자. 그러면 $\lim_{n \to \infty}(a_n + b_n) = \alpha + \beta$이다. 이러한 결과를 우리는 외울 수밖에 없는 것이다. 증명 없이 성질을 외우고 문제를 푸니 암기과목이나 마찬가지다.

통계에서는 이러한 일이 빈번하게 일어난다. 학생들은 이유도 모른 채 이항분포를 정규분포에 근사한다. 모평균을 추정할 땐, 모표준편차를 표본표준편차로 대체한다. 고등 과정을 넘어서므로 그냥 암기할 수밖에 없다.

나만의 특별한 암기

한때는 모든 공식을 완벽히 유도하고 증명하는 것에 집중했다. 공식을 암기 못하면 빠르게 유도하라고 했다. 하지만 아이들은 수학만 공부하는 것이 아니다. 해야 할 것이 많다. 공식에 대한 증명은 중요하지만, 그 결과도 쉽게 외울 수 있는 장치가 필요하다. 그래야 기억하기 쉽다. 수학 수업을 할 때 내가 쓰는 몇 가지 암기법을 소개하겠다. 암기법 없이도 잘 기억하는 학생도 많고 본인만의 방식이 있는 학생도 있을 것이다. 하지만 그러한 것들이 정리되지 않은 학생도 많다. 그들에게 도움이 되길 바란다.

1. 공식에 대한 직관적인 이해를 해보면 도움이 된다.

공식을 유도하는 과정과 공식을 해석하는 과정이 다를 수 있다. 그래서 공식의 결과를 재대로 해석하는 것이 중요하다. 몇 가지 예를 들어보자.

확률 변수 X가 이항분포 $B(n,\ p)$를 따른다면 기댓값$(E(X))$은 np이다. 증명은 생략하겠다. 이 결과는 직관적으로도 당연하다. X란 n번의 독립시행에서 특정 사건의 발생 횟수를 의미한다. 그 사건은 한 번의 시행에서 p의 확률로 발생한다. 따라서 n번 시행하면 np번 나오게 되는 것이다. 공정한 주사위를 600번 던지면 4는 평균적으로 100번 나온다고 할 수 있는 것이다.

${}_nC_0+{}_nC_1+\cdots+{}_nC_n=2^n$은 유명한 공식이다.

이항정리를 통해 $(1+x)^n={}_nC_0+{}_nC_1x^1+{}_nC_2x^2+\cdots+{}_nC_nx^n$를

알고, $x=1$을 대입하면 주어진 공식을 얻는다. 이렇게 증명하는 것을 '대수적 증명' 이라고 한다. 하지만 '조합 파트'의 많은 공식들은 '조합론적 증명'을 할 수 있다. 조합론적 증명이란 쉽게 말해 말로서 의미를 부여하는 것이다. n명의 사람이 있다고 하자. 이 사람들로 조를 만드는 경우의 수는 다음과 같다.

(좌변) : n명의 사람으로 하나의 조를 만드는 모든 경우의 수를 구해보자. 정원이 '0명인 조', '1명인 조, …, 'n명인 조'를 만드는 경우의 수를 더하면 된다.

(우변) : 각 사람을 조에 넣을 것인지 말 것인지 결정하면 된다. 따라서 $\underbrace{2\times\cdots\times 2}_{\text{n개}}=2^n$ 가지이다.

앞서 말한 이항분포의 기댓값을 증명할 때 $k{}_nC_k=n{}_{n-1}C_{k-1}$ 라는 성질을 이용해야 한다. 이것 또한 조합론적 증명을 할 수 있다. 자연수 n과 k가 주어졌다 하자. $(k\le n)$

k명이 정원인 조를 만들고 조장을 뽑는 경우의 수는 다음과 같다.

(좌변) : 우선 n명 중 k명을 뽑아 조를 만들고$({}_nC_k)$, k명 중 조장을 뽑는다. $({}_kC_1)$

(우변) : 어차피 조장은 뽑아야 하므로 n명 중 먼저 뽑고$({}_nC_1)$, 나머지 $n-1$명의 사람들 중 $k-1$명을 뽑으면 된다. $({}_{n-1}C_{k-1})$

삼각함수 파트에서 '얼싸안코'라는 표현이 있다. 각 θ가 제 1사분면에 위치하면 모든 것(all, 얼)이 양수라는 뜻이다. 모든 것이란 sin, cos, tan값을 말한다. 차례로 제 2사분면, 제 3사분면, 제 4사분면일 때 각각 sin, tan, cos가 양수라는 뜻이다. 탄젠트는 '안'이라고 읽는다. 하지만 '얼싸안코'는 삼각함수의 의미를 생각하면 굳이 외울 필요가 없는 단어이다. sin, cos, tan은 각각 y좌표, x좌표, 기울기를 의미하기 때문이다. 제 2사분면에서는 y좌표는 양수이고, 기울기와 x좌표가 음수인 것을 굳이 공식으로 외울 필요가 있겠는가? 해석이 잘 이루어지면 과잉 암기는 필요가 없다.

2. 단어 자체에 집중한 암기가 필요하다.

함수를 처음 배우면 기함수와 우함수라는 개념을 만나게 된다. 기함수는 $f(-x)=-f(x)$, 우함수는 $f(-x)=f(x)$를 만족하는 함수이다. 함수 x^2+4는 우함수고, 함수 $\sin x+x^3$은 기함수인 것이다. 간혹 기함수를 우함수로, 우함수를 기함수로 착각하는 경우가 있다. 예를 들어 함수 x^6-4x^2은 우함수인데 기함수라고 하는 것이다. 그래서 나는 우함수의 '우'라는 글씨가 좌우 대칭적인 것을 생각하라고 한다. 실제로 우함수는 y축 대칭이고, 기함수는 원점 점대칭이기 때문이다.

공식을 가장 많이 외워야 하는 파트는 삼각함수일 것이다. 기본 공식

외에 미분과 적분까지 본다면 외워야 할 것들이 많다.

$1+\tan^2 x=\sec^2 x$: 일탄시, 일산과 탄현 사이에 있는 도시

$(\sec x)'=\sec x\tan x$: 시시탄, 삼각함수가 싫어서 BB탄을 쏘고 싶지만 미안하니 CC탄

$(\csc x)'=-\csc x\cot x$: 위의 식을 외웠으면 자매품으로 외울 수 있다. 마이너스는 센스 것!

$(\tan x)'=\sec^2 x$: 탄시제, 시제이 음식을 먹었는데 조금 탄 맛이 난 것 같기도?

$(\cot x)'=-\csc^2 x$: 위의 것을 외웠다면 자매품으로 외울 수 있다. 마이너스는 센스 것!

이런 식으로 말도 안 되는 말장난을 한다. 그래도 그냥 외우는 것보다 낫다.

위 식은 적분까지도 응용할 수 있다.

$$\int \sec x dx=\ln|\sec x+\tan x|+C,\ \int \csc x dx=\ln|-\csc x+\cot x|+C$$

'시시탄'과 '코시마코시코탄'을 기억한다면 어렵지 않게 외울 수 있다.

이외에도 스튜어트 정리, 인수분해공식, 삼각함수 덧셈정리, 일반항 판정법 등 나만의 방식으로 기억하는 것이 굉장히 많다. 나의 수학교재나 수업에서 이러한 '드립'들을 맛볼 수 있다.

처음엔 다양한 암기법을 유치하다고 생각했다. 하지만 암기 기술을 극대화하면 나중에 기억하기 편하다. 꼭 내가 쓰는 방법을 쓰라는 것은 아니다. 하지만 재미있는 암기법을 개발해야 위급한 상황에서 유도과정 없이 공식을 기억해낼 수 있다.

화학 시간에 '수헬리베붕탄질산…'으로 주기율표를 외우는 것은 모두 하는 행동이 되었다. 영어단어를 재미있게 외우는 것도 유명한 것이 많다. betray(배반하다, 배반한 사람은 목을 비트러이), allure(유혹하다, 일루와라고 유혹한다)는 고1 때 외운 단어인데 아직도 기억에 난다. 이처럼 효과적인 암기 기술은 중요하다.

많은 양을 공부하다 보면 우리는 암기 영역과 마주할 수밖에 없다. 당신이 머리가 좋든 안 좋든 암기 기술은 필요하다.

그러므로 자신만의 암기 기술을 개발해보자. 시야는 한층 더 넓어질 것이다. 그리고 목표까지 훨씬 더 빠르게 도착할 것이다.

06

수학의 언어에 익숙해져라

/

"수학은 다른 사물에 같은 이름을 붙이는 기술이다."
– 푸앙카레(프랑스 수학자)

수학의 언어는 딱딱하지만 간결하다

'아 다르고 어 다르다.' '말 한마디로 천 냥 빚을 갚는다.'

모두 말의 중요성을 뜻하는 문장이다. 같은 내용을 전달하더라도 어떻게 말하느냐에 따라 듣는 사람의 기분이 달라진다.

나는 대학교 때 문자를 하면 'ㅋ'을 한 번만 썼다. 습관적으로 그렇게 썼을 뿐 별다른 의도는 없었다.

예를 들어 밥을 먹었냐고 물어볼 때도 '밥 먹었어? ㅋ'라고 썼다. 친구들은 'ㅋ'을 2개 이상 쓰라고 했다. 하나만 쓰면 비꼬는 것 같기도 하고 기분이 안 좋다고 했다. 그래서 나는 'ㅋ'을 2개 이상 쓴다.

반대로 이모티콘이나 'ㅋ', 'ㅎ' 등을 전혀 안 쓰면 어떨까? 오로지 내용 전달에만 목적을 두고 문자를 한다고 생각해보자.

"밥 먹었어?". "숙제 다 했니?", "시험 범위가 어디니?", "이 문제는 쉽니?"

이렇게만 말하는 사람이 있다면 딱딱하고 삭막하게 느껴질 수 있다. 하지만 이러한 언어가 가장 사랑받는 곳이 있다. 바로 수학이라는 세계다. 수학의 언어는 간결하고 정확함을 추구한다. 그래서 처음 수학을 공부하면 그 표현에서 딱딱한 느낌을 받을 수 있다. 나 또한 그런 느낌을 받았다. 왜 수학의 언어는 그토록 딱딱한 걸까? 어떻게 하면 익숙해질 수 있을까?

수학의 언어에 익숙해지려면 기본 문법과 단어를 알아야 한다. 수학에 손을 놓았다가 갑자기 고등학교 수학부터 보면 막히게 되는 이유가 이것이다. 개념도 모르지만 개념에 쓰이는 도구들조차 모르는 것이다. 혹시나 공부를 늦게 시작해서 기초가 없다면 과감히 중학교 수학부터 봐야 한다.

그래서 나는 첫 수업 때 기본적인 표현법들을 알려준다. 교육과정에 있는 것들도 있고 안 배우는 것들도 있다.

C : 복소수 집합, R : 실수 집합, I : 무리수집합, Q : 유리수집합,

Z : 정수 집합, N : 자연수 집합

∃: 존재한다. ∀: 임의의, 모든. ■ : 증명이 끝나면 Q.E.D 대신 쓰는 표현

WLOG : 일반성을 잃지 않고(without loss of generality)

이러한 것들은 문제 풀이할 때 필요하므로 알려준다. 영어 표현은 내가 칠판에 설명할 때 필요한 것들이다. 각각의 표현이 정확히 무슨 뜻인지 우리말로만 알아도 큰 문제는 없다.

예를 들어 '모든 실수 x에 대하여~'라는 표현의 부정은 '어떤 실수 x가 존재해서~'의 꼴로 바뀐다. 이런 것을 기억해주면 된다. ∀과 ∃이 무엇인지 몰라도 괜찮다.

함수 $f: R \to R,\ f(x) = 2x - 1$, 이 공역과 치역이 같은 함수, 즉, '전사함수'임을 보여 보자. 즉, 공역의 임의의 원소에 대하여 그에 대응하는 정의역의 원소가 존재함을 보이면 된다.

$$\forall\ y \in R,\ \exists\ x = \frac{y+1}{2} \in R \quad s.t\ f(x) = f\left(\frac{y+1}{2}\right) = 2 \times \frac{y+1}{2} - 1 = y$$

위와 같이 기호를 알면 간단하게 쓸 수 있다. 이처럼 수학의 표현은 간결하다. 어찌 보면 아름답다고도 할 수 있는데 이렇게 말하면 이상한 사람 취급을 받는다. 간결하면 보기 좋고 쓰기도 좋다.

수학 언어에 익숙해져야 문제 이해도 쉽다

학생들은 기호보다도 문제 해석에서 더 애를 먹는다. 가벼운 예시를 들어보자.

함수 $f: R \to R$에 대하여 함수 $g(t)$를 '$x \leq t$에서 $f(x)$의 최댓값'으로 정의하자. 함수 $g(t)$는 어떤 모양일까?

수능 기출문제로도 나왔던 표현이다. 문제에서 함수 $f(x)$를 준 뒤 새로운 변수 t를 가져와서 $g(t)$와 같이 새로운 함수를 정의하는 형태이다. 자주 등장하는 표현이기에 공부를 조금만 해본 학생이라면 어렵지 않게 $y = g(t)$의 그래프를 그릴 수 있다. 만약 함수 $f(x)$가 $-(x-1)^2+1$이었다면 $\mathrm{g}(\mathrm{t}) = \begin{cases} 1 & (t \geq 1) \\ -(t-1)^2+1 & (t < 1) \end{cases}$가 된다.

하지만 이러한 문제 해석이 어렵게 느껴지는 학생들도 있을 것이다. 그럴 땐 반드시 해석하는 연습을 해야 한다. 임의의 t에 대해 함수 $g(t)$의 그래프를 한 번에 상상하기 어려울 수도 있다. 이럴 땐 t에 −2, 0, 1, 3 등을 대입해가며 함수의 개형을 추론해보아야 한다. 공부는 그렇게 하는 것이다. 숙달이 되면 대입을 안 하고도 풀 수 있을 것이다.

수학 문제를 풀다 보면 앞선 예처럼 문제 속에서 새롭게 정의한 것들을 많이 보게 된다. 학생 때는 이러한 표현이 딱딱하다고 생각했다. 하지만 문제를 풀면서 출제자의 의도를 이해할 수 있었다. 특정 그래프를 그리고 싶은 마음이 들고, 그것을 식으로 표현하게 되는 것이다. 강사가 된 지금은 그 과정이 더 명확하게 보인다. 문제에서 준 식의 의미를 빠르게 파악하여야 한다.

함수 $\frac{x-x^2}{2}$의 '$0 \le x \le 1$' 인 부분을 생각해보자. 주어진 이차함수와 x축과 둘러싸인 도형의 넓이는 적분공식을 통해 $\frac{1}{12}$임을 알 수 있다. 이번엔 이 부분을 오른쪽으로 '복사, 붙여넣기'를 한다고 생각해보자. 그런데 그냥 붙이면 너무 쉬우니 한 번 붙일 때마다 높이를 $\frac{1}{2}$배 한다고 생각해보자. 그리고 일부 영역을 x축 대칭으로 밑으로 내려보자. 그렇게 완성된 도형을 한 번 더 꼬아보자. 전체 식에다가 x를 더하는 것이다.

그러면 2018 수능 수리 나형 30번 문제가 완성이 되는 것이다. 원본에서 소개한 함수는 다음과 같다.

'이차함수 $f(x)=\frac{3x-x^2}{2}$에 대하여 구간 $[0, \infty)$에서 정의된 함수 $g(x)$가 다음 조건을 만족시킨다.

(가) $0 \le x < 1$일 때, $g(x)=f(x)$이다.

(나) $n \le x < n+1$일 때, $g(x)=\frac{1}{2^n}\{f(x-n)-(x-n)\}+x$이다. (단, n은 자연수이다.)

어떤 자연수 $k(k \ge 6)$에 대하여

함수 $h(x)$는 $h(x)=\begin{cases} g(x) & (0 \le x < 5 \text{ 또는 } x \ge k) \\ 2x-g(x) & (5 \le x < k) \end{cases}$이다.'

물론 처음 보면 겁먹을 수 있다. 하지만 함수 $g(x)$의 $0 \le x < 1$에서의 개형과, (n, n)을 통과하는 사실부터 차근차근 짚어나가면 어렵지 않게 접근할 수 있다. 함수 $h(x)-x$를 새롭게 정의하면 상황이 더 쉽게 보일 것이다.

수학의 언어는 간결함과 엄밀함을 바탕으로 쓰여 있다. 처음엔 차갑게 느껴질 수도 있다. 하지만 공부를 하다 보면 모든 표현이 '최적화'되어 있음을 느낄 수 있다. 군더더기가 없는 것이다.

어려운 문제를 풀 때 문제 표현을 해석하는 게 힘들 수 있다. 처음 본 식이라고 당황하지 말자. '왜 그렇게 생긴 식을 주었을까, 출제자의 의도는 무엇일까?' 고민해보자. 그리고 한 단계 한 단계 접근하다 보면 상황을 이해할 수 있게 될 것이다.

누군가와 말로 다투면 답이 안 나오고 끝나는 경우가 많다. 하지만 수학과 말싸움을 하면 무조건 지게 되어 있다. 그만큼 수학은 엄밀하다. 어차피 이길 수 없는 상대인데 적으로 두지 말고 친하게 지내면 어떨까?

수학의 언어를 익히고 연습해보자. 수학 문제를 바라보는 것이 더 이상 힘들지 않을 것이다. 수학과 친해지는 순간 수학은 점수를 상으로 줄 것이다. 수학 언어에 익숙해져라.

마법같이 수학이 쉬워지는 Q&A

지금부터 열심히 공부하면 명문대에 갈 수 있나요?

(대부분의 학생이 하는 가장 쓸데없는 질문)

'지금부터 하면 잘될 수 있나요?' 이것은 가장 의미 없는 질문입니다. 못 간다고 하면 안 할 것인가요? 이런 질문을 하는 사람의 심리는 간단합니다. 희망을 얻고 싶은 것이죠. 희망을 갖는 것은 필요합니다. 하지만 공부는 혼자 하는 것이고 장기 레이스입니다. 내 안에서의 열망과 꿈이 동력이 되어야 오래갑니다. 희망도 내 안에서부터 나와야 합니다. 명문대를 가는데 공부를 언제부터 하느냐는 중요하지 않습니다. 고3 안에 안 되면 재수, 삼수를 하면 되고, 그게 안 되면 편입을 하든 대학원으로 가든 방법이 많기 때문이죠. 남한테 의지하지 말고 내 길은 내가 정해야 합니다. 남이 불가능하다고 해도 본인이 간절히 원하면 노력하면 되는 것입니다.

07

시험문제를 예측하지 마라

/

"꼭 안 본 단원에서 시험문제가 나온다."
–머피의 법칙

'설마 나오겠어' 하면 나온다

앞서 3장에서 '시험 분석'의 중요성을 강조했다. 시험 범위라는 '집합'의 '여집합(전체 집합에서 특정 집합을 제외한 집합)'은 공부할 필요가 없다는 것이다.

예를 들어 수능 시험을 준비하는데, kmo(한국 수학 올림피아드)문제는 굳이 풀 필요가 없는 것이다. 하지만 시험 범위 안의 것들을 공부할 때는 편식해서는 안 된다. 그러한 의미에서 문제를 예측하지 말라는 뜻이다.

물론 시험에 관한 적중은 중요하다. 뛰어난 강사들은 적중을 잘한다.

하지만 실패하는 경우도 많다. 그리고 적중되지 않은 문제조차 시험범위 안에 있는 것들이다. 결국 적중이 예상되는 것을 열심히 봐야겠지만, 그 외의 것도 공부해야 하는 것이다.

고1 때 '기술 가정' 시험을 보기 전날이 아직도 기억에 난다. 고등학교 때 나는 전 과목을 열심히 공부했다. 전 과목 성적이 좋아야 수시에 유리할 것 같았기 때문이다. 그래서 암기과목도 소홀히 하지 않았다. 기술 가정 범위는 꽤나 넓었다. 책 맨 앞에는 표지가 있다. 표지를 한 페이지만 넘기면 부록과 같은 느낌으로 컴퓨터의 역사가 그림으로 그려져 있었다. 분명 시험 범위는 '처음부터 특정 페이지까지'였다. 그래서 첫 페이지의 컴퓨터 연대기를 외워야 할지 말아야 할지 고민에 빠졌다. 수업시간엔 배운 적이 없는 내용이었다. 하지만 나는 혹시 몰라서 그 표를 통째로 외웠다. 외우는 것은 귀찮고 힘이 들었다. 게다가 거의 나올 가능성이 없어 보이는 부분이었다.

결국 시험에 그 문제가 나왔다. 덕분에 주위에서 나만 그 문제를 맞았다. 친구들은 어떻게 그 표를 외웠냐면서 나를 대단하게 쳐다봤다. 그때부터 시험공부는 편식하면 안 된다는 것을 깨닫게 되었다.

이토록 시험문제는 함부로 예측해서는 안 된다. 특히나 내신 시험이 그렇다. 지금도 많은 학생들이 예전의 나와 같은 잘못된 생각을 한다. '선생님이 수업 때 안 해주셨는데 문제를 낼 리가 없다.'라고 이야기한다. 이는 너무나 위험한 생각이다. 시험범위 안에 있는 모든 것을 꼼꼼하게 공부해야 하는 것이다. 학생은 시험 문제를 예측하기 힘들다. 절대 안 나올 것 같은 건 안 나온다. '설마 나올까?'라고 생각하는 것은 나온다.

내신 기간 때였다. 시험 범위 중에 지수로그 함수가 있었다. 한동안 지수로그 함수 문제에서는 격자점 문제가 유행했다. 격자점 문제란, x, y 좌표가 모두 정수인 점의 개수를 세는 문제이다. 이러한 문제는 특별한 공식이 필요하지 않다. 빠르게 세는 것이 중요하다. 세다 보면 규칙성이 보이는 경우가 있다. 그래서 더 빨리 세는 방법들을 문제를 푸는 도중 찾아야 한다. 수능에 이러한 유형이 먼저 등장했다. 이후 고등학교 내신에도 종종 등장하는 유형이 되었다. 보통 수능 시험을 치르면 비슷한 유형이 내신에 등장한다. 강남 8학군에서 먼저 등장하고 이후 전국 각지로 서서히 퍼져 나간다. 1년 뒤 일산, 또 1년 뒤 파주, 이런 식으로 전파된다.

내신 대비를 한다면 격자점 문제도 푸는 것이 좋다. 단, 그 학교가 얼마나 수능 기출문제를 출제하는 학교인지 파악하여야 한다. 그에 따라 비중이 달라진다.

시험 전날 한 학생으로부터 문자가 왔다. 그 학생은 격자점 문제를 많이 풀어봐야 하는지 물어봤다. 시험문제를 함부로 예측하면 안 되는 것을 이미 알고 있었다. 그 문제가 나올 것 같기도 하고 안 나올 것 같기도

했다. 그래도 혹시 몰라서 나는 '배운 것들을 다시 복습해봐, 혹시 모르니까.'라고 이야기했다. 수업 때 다룬 격자점 문제는 대략 10문제 정도 됐다.

다음 날 시험에는 격자점 문제가 나오고 말았다. 경찰대 기출문제가 그대로 등장했다. 등골이 오싹했다. 물론 격자점 문제까지 많이 던져주었다면 좋았을 것이다. 하지만 기본적인 풀이 기법들은 다행히 수업을 다 했다. 만약 그 학생에게 내가 '굳이 볼 필요 없다'고 했으면 어땠을까. 시험 문제는 함부로 안 나온다고 하면 안 된다.

시험은 항상 어렵게 나올 것이라 생각하라

우리는 시험을 보기 전 무슨 문제가 나올지 궁금해한다. 동시에 어느 정도의 난이도로 나올지 알고 싶어 한다.

만약 학교시험이 교과서 변형 수준으로 쉽게 나온다고 하자. 그렇다면 너무 어려운 문제들을 풀 필요가 없다. 차라리 많은 양의 문제를 정확히 풀어보는 연습이 도움이 된다. 한 문제를 실수로 틀리면 등급이 왔다 갔다 할 수 있기 때문이다.

자립형 사립고나 자율형 공립고 등 일부 학교는 시험이 매우 어렵게 출제된다. 이러한 경우엔 수능 기출부터 고난도 문제집 등 어려운 문제들을 많이 풀어봐야 한다.

여기서 중요한 점이 있다. 내가 다니는 학교의 시험이 어려운 경우는 상관이 없다. 하지만 쉬운 학교인 경우에도 간혹 난이도가 급격히 상승할 때가 있다. 이런 일이 발생하면 얕게 공부했던 학생들은 우르르 무너지게 된다.

수학 시험은 긴장하면 잘 보기 힘들다. 항상 시험이 어려울 것이라고 생각하고 대비하는 자세를 가져야 한다. 시험이 쉬울 거라고 생각했다가 갑자기 어렵게 나오면 당황하게 된다. 게다가 시험장에서 당황해본 경험이 적은 학생일수록 크게 망하기 쉽다.

고2 때 일이다. 6월에 모의고사를 봤다. 나는 수학 모의고사를 보면 못해도 90점대의 점수를 받았다. 그런데 그날따라 문제가 많이 어려웠다. 어렵게 느껴지는 문제가 3~4개 있었다. 나는 문제를 1번부터 차례대로 푸는 스타일로 수학 시험에서 크게 막혀본 경험이 없었다. 나는 당황하기 시작했고 결국 중간에 있는 한 문제에 40분 이상의 시간을 쏟고 틀리고 말았다. 그 시험에서 나는 70점대의 점수를 받게 되었다.

다행히 모의고사였기에 자존심만 깎였다. 천만 다행이었다. 어려운 시험에 대한 뼈저린 교훈을 느끼게 되었다. 이후 나는 어떤 어려운 문제가 나와도 당황하지 않도록 대비했다. 그리고 시간 관리에도 힘썼다. 어려워 보이는 문제가 있으면 과감하게 스킵하는 등 시험 보는 요령을 터득하게 되었다.

시험문제를 예측하는 행동은 위험하다. 적중 예상 자료를 푸는 것은 좋다. 그러나 가리는 것이 없어야 한다. 시험엔 무엇이 나올지 모른다. 항상 안 나온다고 생각한 것이 나오는 게 시험이다. 운에 기대면 안 된다. 모든 것을 공부해야 한다.

시험 난이도 또한 함부로 예측해서는 안 된다. 제일 안전한 것은 시험이 어려울 것이라고 생각하는 것이다. 언론에서 "올해 수능은 쉬울 것이다."라고 하는 말은 그냥 무시하면 된다. 항상 어려운 시험일 것이라 생각하고 대비해야 한다. 실전이라는 현장감이 더해지면 난이도는 더 올라가기 마련이다. 시험이 쉬울 것이라는 예측은 절대 하면 안 된다.

시험을 예측해서 맞춤형으로 공부하는 행동은 초보들이 하는 것이다. 시험 분석은 철저히 하되 무엇이 나와도 대처할 수 있는 인재가 되자. 이러한 마음가짐을 갖는다면 시험에서 훨씬 더 좋은 성적을 얻을 수 있을 것이다.

마법같이 수학이 쉬워지는 Q&A

하루에 몇 시간 자야 하나요?

(수면 시간이 들쑥날쑥한 고2 C학생)

잠은 항상 적당히 자는 게 좋습니다. 사람마다 필요한 수면시간은 달라요. 보통 6~7시간 자면 됩니다. 많이 잔다고 체력이 몸에 저장이 됐다가 공부가 더 잘되는 것은 아닙니다. 오히려 수면패턴이 깨지고 더 피곤해집니다. 늘 강조하지만 깨어 있는 시간을 잘 활용하는 게 훨씬 중요합니다. 시험기간엔 잠을 줄여서라도 공부를 하는 게 이득일 수 있습니다. 하지만 집중력을 잃을 정도로 잠을 적게 자면 안 됩니다. 특히 밤을 새는 것은 너무 위험합니다. 머리가 멍해져서 시험을 망칠 수 있어요. 조금이라도 잠은 꼭 자길 바랍니다.

mathematics

CLASS 5

수학 공부가 즐거워지면 나머지는 저절로 된다

01

내신과 수능과 논술은 한 뿌리이다

/

"나에게는 만물이 수학으로 환원된다."
–데카르트 (프랑스 철학자, 수학자)

내신과 수능은 비슷하면서도 다르다

수학 전공 책은 상당히 간결하다. 정의(Definition), 정리(Theorem), 증명(Proof)의 연속이다. 한 단원이 끝나면 연습문제가 조금 있다. 교수님들마다 차이는 있지만, 대체로 시험은 책을 잘 소화할 수 있으면 잘 볼 수 있다. 추가로 시험을 잘 보려면 족보(기출문제)를 꼭 풀어보는 것이 좋다. 기출문제가 그대로 나오는 경우도 다반사이다. 이처럼 대학 수학 전공은 내용은 어렵지만 시험 대비 방법은 단순하다.

대학입시는 이야기가 조금 달라진다. 수능에 집중해야 할지, 내신에 집중해야 할지 막막하다. 논술 전형까지 생각하면 크게 세 종류의 수학 시험이 있는 셈이다. 문제는 어느 하나에 올인하기 쉽지 않다는 것이다.

가장 안 좋은 흐름은 유명하지 않은 일반고에 가서 내신이 좋지 않은 경우이다. 학생부 종합전형을 노리려면 그것을 잘 챙겨주는 고등학교를 가야 한다. 그리고 그 학교에 대한 평도 중요하다. 대학에서는 어느 고등학교가 어떤 아이들로 구성되어 있는지 다 알고 있다. 같은 일반고라 하더라도 공부를 잘하는 아이들이 몰려 있는 학교의 2등급 학생과, 그렇지 않은 학교의 1등급 학생이 비슷하게 대우를 받는 것이다.

유명하지 않은 학교에서 내신이 안 좋은 경우, 학생부 교과, 학생부 종합 모두 쉽지 않다. 그러면 논술 및 수능을 생각해야 한다. 그러나 재수생들을 이기기 쉽지 않다. 논술 또한 갑자기 준비하면 실력이 쌓이지 않는다. 결국 이도 저도 아니게 되는 것이다.

어느 시험에 올인할 것이냐는 어떤 고등학교를 갔느냐에 달려 있다. 학생부 종합전형 실적이 좋은 학교면 내신과 학생부에 올인해야 한다. 정시로 대학을 많이 보내는 곳이라면 정시 공부를 열심히 해야 한다. 하지만 전자의 경우에도 수능공부는 해야 한다. 후자의 경우에도 내신을 버릴 수는 없다.

내신 시험을 생각해보자. 수학 내신 유형은 학교마다 다르고 학년이나 선생님에 따라서도 다르다. 하지만 몇 가지 특징이 있다.

내신시험은 대체로 교과서나 EBS교재로 대비를 한다. 교과서나 EBS 교재는 문제 수도 적고 어렵지도 않다. 그래서 상위권 학생들을 일찌감치 다 풀고 다른 것을 풀어야 한다. 꽤 많은 시험에서 모의고사 및 수능 문제들이 나온다. 그대로 나오거나 변형돼서 나오는 경우도 있다. 고1이라면 과거 고1 교육청 모의고사를 풀어봐야 하는 것이다. 알다시피 모의고사는 수능 대비 시험이다. 즉, 수능 스타일의 문제를 풀어봐야 한다는 것이다.

고2, 고3의 경우는 말할 것도 없다. 고2때부터 배우는 미적분이나 기타 과목들은 수능의 직접적인 출제범위이다. 수능 및 평가원, 교육청 모의고사 기출문제들은 넘쳐난다. 다 풀어보기 쉽지 않지만 그대로 주요 문제들을 풀어보는 것이 좋다. 많은 학교에서 선생님들이 수능 기출문제들을 모아서 프린트로 나눠주신다. 고2 때부터는 확실히 수능과 내신의 경계가 모호해지는 것이다.

내신 시험은 보통 객관식, 단답형, 그리고 서술형 문제가 나온다. 거의 모든 고등학교가 서술형 문제를 출제한다. 서술형 시험은 아이들이 까다로워하는 부분이다. 답을 내기만 하면 되는 것이 아니라 그 과정까지 서술해야 하기 때문이다. 다양한 스킬이나 직관, 찍기 신공으로는 점수를 받을 수 없다.

실력이 좋으면 다 잘하겠지만 보통 서술형은 성실한 학생들에게 좀 더 유리하다. 평소에 성실하게 많이 서술해봐야 시간 단축이 된다. 그리고 첨삭을 많이 받아야 자주 틀릴 만한 요소들을 피해갈 수 있다.

머리는 굉장히 좋지만 게으른 학생이 있었다. 그 친구는 서술형 시험을 우습게 봤다. 평소 워낙 문제를 잘 풀었기에 시험도 얕잡아본 것이다. 막상 시험을 보게 되니 긴장이 되고, 어느 정도로 상세히 서술해야 할지 감이 안 왔다고 한다. 결국 시간 관리에 실패해서 실제 실력보다 훨씬 안 좋은 점수를 받게 되었다.

이 학생이 수능을 봤으면 더 잘 봤을 것이다. 수능 시험은 서술형 문항이 없다. 객관식과 단답형뿐이다. 그래서 답만 맞으면 된다.

한 학생이 본 서술형 문제에 '곡선 밖에서 다항함수에 그은 접선 개수 구하기'가 나왔다. 내신 수능에 모두 나오는 기본적인 문제다. 풀이는 크게 접선의 방정식을 이용해 대수로 푸는 방법과, 변곡접선을 이용해 그림을 그려서 푸는 풀이가 있다. 전자의 경우에는 공통접선이 생기는 것을 고려해주어야 하는 단점이 있다. 또한 시간이 오래 걸린다. 반면 후자의 경우는 서술형 풀이에 적합하지 않다. 수학II 교과에는 변곡점이 나오지도 않는다. 변곡접선과 볼록성에 관하여 다 서술할 수도 없는 노릇이다. 그 학생은 시간이 부족해서 변곡접선 풀이를 제출했다. 정답 점수만 조금 받고 풀이과정 점수는 0점을 받았다.

이처럼 수능과 내신은 비슷하면서도 전혀 다르다. 내신을 위해서라면 돌아가더라도 풀이를 연습을 해야 하는 것이다. 수능을 위해서라면 다양한 스킬을 알고 있어야 한다. 수능은 수능만 1년을 공부한 재수생에게 가장 유리하다

논술은 서술이다

서술형 시험은 논술전형에 도움이 된다. 내가 가르치는 과학고에서는 고2 때부터 내신시험을 모두 서술형 문항으로 낸다. 시험범위에도 대학 수리논술 기출문제들이 들어간다. 내신을 공부하면 논술대비까지 저절로 되는 것이다.

당연히 차이점도 있다. 논술문제는 어떤 문제가 나올지 모르고 풀게 된다. 하지만 내신 시험에서는 미리 무슨 문제가 나올지 다 알려준다. 직접 문제를 정해주지는 않는다. 꽤 많은 문제들을 던져준 뒤 그중에서 나온다고 말해주는 것이다.

그래서 학생들은 엄밀하게 서술하는 연습을 해야 한다. 답을 구하는 것은 마지막 정답 점수로만 연결된다. 과정이 훨씬 더 중요하다. 물론 소문항이 있는 문제들에선 답도 중요하다. 소 문항 1번에서 계산 실수를 하면 이후 2번, 3번, 4번 등에서 모두 틀린 결과가 나오게 된다. 이런 경우

0점에 가까운 점수를 받게 된다.

때때로 논술 시험을 보면 많은 학생들이 생각보다 쉬웠다고 이야기한다. 논술 문제들은 과거에 비해 많이 쉬워지고 있는 추세이다. 오히려 수능 킬러 문제들보다 할 만하다. 하지만 중요한 것은 서술이다. 수능문제 풀 듯 적당히 풀어내서 답만 맞추면 좋은 점수를 받기 힘들다. 시험이 어렵지 않게 나오면 모두 잘 풀 수 있다는 것을 알아야 한다. 그래서 정확하고 엄밀한 서술이 중요하다. 논술 실력은 오랜 기간 갈고닦아야만 쌓인다.

수학을 깊게 공부하더라도 수능과 내신, 논술을 모두 완벽히 대비하기는 쉽지 않다. 방학이라는 긴 시간에 기본적인 수학 실력을 다져두면 어느 시험에도 유연성 있게 대처할 수 있다. 하지만 하나만 파서는 준비한 만큼의 효과를 볼 수 없다.

내신과 수능이 연계된 학교에서는 수능 준비를 하면 저절로 내신대비가 되기도 한다. 특목고에서는 논술과 심층을 많이 공부해두면 내신에도 큰 도움이 된다. 그래서 어느 고등학교를 가느냐는 입시 전형을 결정하는 데도 영향을 준다. 정시를 노린다면 특목고에 갈 이유가 없는 것이다.

이처럼 내신, 수능, 논술은 서로 연관성이 있고 겹치는 부분이 많다. 공통적으로 '수학'이라는 시험과목이다. 사실상 한 뿌리인 것이다. 이를 잘 이용하면 좀 더 효율적으로 공부할 수 있다.

내가 무슨 시험을 준비할지 전략을 잘 짜자. 모로 가도 서울로 가면 된다는 말이 있다. 시험을 잘 준비해서 원하는 대학에 입학하길 바란다.

02

수학을 포기하면 안 되는 이유

/

"세상에는 단 2가지의 법칙만 존재한다.
첫째, 절대로 포기하지 말 것.
둘째, 첫 번째 법칙을 절대로 잊지 말 것."
-듀크 엘링턴(미국의 피아니스트)

도피인지, 선택인지 구분하자

'수포자'라는 단어의 뜻을 모르는 사람은 거의 없다. 수학을 포기한 사람이라는 뜻이다. '영포자'. '국포자'라는 말도 있지만 자주 쓰이지 않는다. 그만큼 수학이란 과목을 많은 사람들이 어려워한다는 뜻이다.

반대로 생각해보자. 모두가 어려워하는 것인 만큼 잘하면 이득이 되는 부분이 많다. 게다가 수학을 못하는 이유는 방법이 잘못됐기 때문일 수 있다. 하지만 보통 수학 점수가 잘 안 나오는 학생들은 자신을 비하하는 경우가 많다.

'나는 머리가 나빠, 나는 수학에 소질이 없어.'라고 생각한다. 때론 수학을 혐오하기도 한다. 조금만 노력하고 공부법을 바꾸면 큰 효과를 볼 수 있는 아이들인데도 말이다. 수학은 왜 공부해야 하는 걸까? 포기하면 왜 안 되는 걸까?

인생을 살면 선택과 집중을 해야 할 때가 많아진다. 그리고 때론 포기도 해야 한다. 자신에게 맞는 길이 아니면 과감히 포기할 줄 아는 게 능사다. '도망치는 곳에 낙원은 없다'는 말이 있다. 도망치는 것인지, 다른 길을 가는 것인지부터 명확히 구분해야 한다. 인문계 고등학교를 간다면 대학입학이라는 한 방향으로만 가면 된다. 목표설정은 생각보다 단순해진다. 반면 대학에 가는 순간 수만 가지의 길이 열린다. 특정 직업을 생각하고 특정 전공을 선택한 경우는 괜찮다. 하지만 대부분의 대학생은 전공과 상관없는 진로를 선택하게 된다. 진로를 선택하는 과정에서도 다양한 시도를 해보게 된다.

내 친구 A는 보험계리사 자격증을 따고 어린 나이에 삼성에 입사했다. 남들이 보면 부러울 만한 엘리트 코스이다. 서울대학교 졸업 후 삼성에서 일했다. 연봉도 높았다. 하지만 그 친구는 회사생활이 마음에 들지 않았다. 결국 3년 만에 퇴사하고 미국으로 통계학 유학을 떠났다. 자신이 좋아하는 수학 공부를 할 수 있다는 점, 세계무대에서 공부할 수 있다는 점에서 그 친구는 더 나은 삶을 찾은 셈이다. 이 경우는 포기나 도피가 아니라 선택에 해당한다.

항상 나는 아이들에게 강조한다. 공부만이 인생의 성공을 결정하는 것은 아니라고 말이다. 재능이 사실 다른 데에 있지만 부모님의 기대 때문에 공부하고 있을 수 있다. 혹은 남들이 다 하니 하고 있을 수도 있다. 그런 경우에는 공부를 포기하고 자신의 재능을 살리는 것이 나을 수 있다. 새로운 길을 선택해야 하는 것이다.

결국 중요한 것은 판단이다. 그러나 그만둘 거면 대안이 있어야 한다. 내가 재능이 출중하거나 물려받을 재산이 많다면 공부를 안 할 수도 있는 것이다. 그래도 잘 살 수 있다. 하지만 그러한 상황이 아니라면, 공부밖에 길이 없다고 판단되면 열심히 해야 하는 것이다. 이 책에서 나는 독자들에게 내 이야기를 바탕으로 공부 팁을 주고 있다. 그 모든 것은 '여러분이 공부를 목표로 삼았다는 전제' 속에서 하는 것이다.

절대로 주어진 상황을 원망해서는 안 된다. 왜 똑똑하게 태어나지 않았는지 말이다. 요즘엔 '흙수저'라는 말을 많이 쓴다. 나는 왜 '금수저'가 아닐까 생각하는 것은 좋지 않다. 당신이 열심히 성공해서 자식에게 '금수저'를 물려줄 수 있는지부터 자문해봐라.

"요즘은 시대가 달라져서 계층 이동 사다리가 없어졌다. 흙수저가 금수저가 되기 힘든 세상이다."라고 말할 수 있다. 하지만 조금만 찾아봐도 열악한 환경 속에서 어떻게든 살아남은 사람들이 많다. 물론 '흙수저'가 백만장자가 되기 힘든 것은 사실이다. 그러나 그것은 과거나 지금이나 똑같이 힘들다. 잘된 사람들은 모두 포기하고 싶은 순간들을 견뎌냈다.

다시 고등학교 공부 이야기로 돌아와보자. 우리가 고등학교 때 싫든 좋든 공부를 한다는 것은 대학입시라는 목표가 있기 때문이다. 그런데 여러 과목 중 가장 중요하다고 하는 수학을 포기한다는 것은 무엇을 의미하겠는가? 그냥 공부를 포기하겠다는 것과 다름이 없다.

남들과 똑같이 그저 그런 인생을 살고 싶다면 어쩔 수 없다. 하지만 조금이라도 도약할 의지가 있다면, 공부로 승부를 보려면 포기를 함부로 해선 안 된다.

성공한 사람도 포기하고 싶을 때가 있었다

나는 주로 상위권 학생들을 가르친다. 하지만 '수포자'가 되기 직전인 학생들을 가르친 적도 많다. 그러한 학생들은 수학을 매우 싫어한다. 싫어해서 못하는 것일 수도 있고, 못해서 싫어하는 것일 수도 있다. 하지만 그들은 주위의 기대, 특히나 부모님의 압박으로 인해 학원에 다니게 된다. 수학을 싫어하는 그 아이의 갈증은 해소되지 않은 상태이다.

이런 경우, 무리한 수학 공부는 오히려 독이다. 해소가 되어야 한다. 나는 보통 내 이야기를 한다.

믿기 힘들겠지만 나도 처음에는 수학이 싫었다. 표현이 너무 딱딱하고 어려웠기 때문이다. 초등학교 5학년 때 우연히 경시 책을 본 적이 있다. 빽빽하게 써 있는 것은 문제들이었다. 시계바늘이 돌아가는 문제를 보며 이런 것을 왜 풀어야 하는지 명분이 서지 않았다. 피타고라스의 정리를 이용해 삼각형의 빗변 길이를 구하는 문제도 있었다. 당시 나는 초등학생이었고 선행도 안 했으니 알 리가 없었다. 그래서 수학에 대한 내 첫 이미지는 좋지 않았다.

하지만 쉬운 교과서 문제부터 차근차근 풀었고, 점차 실력이 쌓이면서 흥미가 생긴 것이다. 하지만 여전히 수학의 언어는 딱딱하고 쉽지 않다고 생각한다.

수학을 싫어하는 아이의 감정은 내가 국어를 대하는 감정과 더 비슷하다고 볼 수 있을 것이다. 나는 국어를 정말 싫어했다. 이유는 간단하다. 정답이 납득이 되지 않았기 때문이다. 국어를 싫어하니 공부를 안 하게 되었다. 나는 전 과목 중 국어 공부를 가장 하지 않았다.

1학년 2학기 중간고사 때였다. 국어 시험을 봤는데 시 해석이 너무 어려웠다. 꽤나 많은 문제를 찍었다. 종료 직전 2문제를 바꾼 것이 그대로 더 틀려서 총 6문제나 틀렸다. 너무 슬프고 화가 났다. 6개 틀린 것인데 기만이라고 이야기할 수도 있다. 하지만 슬픔이란 상대적인 것이다. 나는 1학기 내신 성적이 좋았기에 특히 시험이 소중했다. 계속 좋은 성적을 유지하면 대학 입시에서 큰 경쟁력을 가지는 상황이었다. 그래서 많이 우울했다.

다행히 기말고사라는 기회가 남아 있었다. 국어 공부를 울며 겨자 먹기로 하게 되었다. 피할 수 없으면 즐기라는 말이 있지만 즐기지는 못했다. 그래도 스스로 명분은 줄 수 있었다. 공부를 좋아서 하는 사람은 없다고 말이다. 공부는 참고 하는 것이다. 나는 참기로 했다. 그리고 중간고사를 복기하며 정확하게 시를 분석하는 능력을 기르려고 노력했다. 점수를 잘 받으려고 하다 보니 자연스레 양이 늘어나게 되었다. 무서운 집중력으로 시험을 봤고 다행히 기말고사에서는 100점을 받을 수 있었다.

수학도 마찬가지이다. 수학이 너무나 싫을 수 있다. 하지만 공부가 좋아서 하는 사람은 없다는 것을 기억해야 한다. '수포자'들은 보통 수학 점수가 매우 안 좋은 편이다. 반대로 말하면 아주 조금만 노력해도 금방 점수가 오른다. 점수가 오르면 기분이 좋고 더 열심히 하게 된다. 빠르게 양성 피드백을 이루어야 한다.

무슨 일을 하더라도 포기를 하면 편해진다. 하지만 그만큼 잃는 것도 생기게 된다. 한 번 포기를 마음먹으면 목표치가 낮아지게 된다. 반면 잘 해야겠다는 생각이 들면 자신을 한계 이상으로 끌어올리게 된다. 그리고 버틸 수 있는 힘을 가지게 된다. 사람이란 동물의 특성이다. 결국 어떤 마음을 가지느냐가 중요하다.

목표를 세웠다면 이후에는 고통이 따른다. 그것은 당연하다. 인생을 살다 보면 수많은 목표가 생긴다. 매 순간의 기로에서 조금만 힘들다고 도망만 다니면 결국 이루어 낸 것은 아무것도 없게 된다.

수학을 포기하고 싶은 당신에게 100점을 바라는 것이 아니다. 적은 노력을 투자하길 바라는 것이다. 그것이 힘들다면 전문가와 상의해보는 것이 좋다. 무작정 싫어하는 것보단, 극복해볼 생각을 해보길 추천한다. 의외로 점수가 빠르게 오를 수 있다.

포기도 습관이 될 수 있음을 명심해라. 역경을 극복할 때 결과가 더 빛나는 법이다. 긍정적인 마음으로 문제를 보자. 부담 갖지 말자. 수학을 놓지 않는 당신을 응원하겠다.

마법같이 수학이 쉬워지는 Q&A

하루에 몇 시간씩 공부해야 하나요?

(학교와 학원을 오가며 자기 공부 시간이 부족한 고2 K학생)

학기 중에 학교와 학원을 다니면서 자기 공부하기란 쉽지 않습니다. 순도 높은 공부 시간이 5시간 이상만 되도 성공한 하루라는 것을 알기 바랍니다. 방학이면 더 많이 하면 좋습니다. 하루 최소 8시간은 해야 한다고 생각하세요. 하지만 '시간'보다는 '내용'에 더 집중하는 것이 좋습니다. 만약 당신이 기초가 부족한데 수능이 1년도 안 남았다면, 하루에 12시간씩 공부해도 힘들 수 있습니다. 결국 하루에 몇 시간씩 공부해야 하는지는 당신의 현재 '실력'과 '목표'에 의존하는 것이지요. 해야 하는 공부의 양과 시간은 사람마다 다름을 명심하세요.

03

수학은 벼락치기가 불가능한 과목이다

/

"위대한 성과는 갑작스런 충동에 의해 이루어지는 것이 아니라,
여러 작은 일의 연속으로 이루어지는 것이다."
-조지 엘리엇(영국의 소설가)

수학을 공부하는 데 얼마나 걸릴지 예측이 불가능하다

나는 나만의 시험기간 공부 철학이 있었다. 시험 전날은 내가 아는 것들을 정리하고 갈무리하는 날이어야 한다. 모르는 것이 있으면 안 된다. 이미 다 공부했던 것들을 다시 복습하고 마무리하는 시간이어야 한다. 특히나 수학은 더더욱 그렇다. 시험 전날 모르는 것이 나온다면 시험을 잘 보긴 힘들다.

물론 내가 약한 유형들을 다시 정리할 수는 있다. 하지만 개념은 이미 완벽히 다지고 있어야 한다. 그리고 어려운 유형들에 대해서도 미리 충분한 고민을 했어야 한다.

수학 공부는 시간을 예측하기 가장 어렵다. 다른 과목들은 공부하는 데 걸리는 시간을 가늠할 수 있다. 하지만 수학은 이해를 요하는 과목이다. 한 문제, 하나의 개념을 이해하는데 내가 생각한 시간보다 오랜 시간이 걸릴 수 있다. 심지어 이해하는 데 실패할 수도 있다. 그래서 미리 미리 해야 하는 것이다. 시험 전날 수학공부를 제대로 시작했다면 생각보다 오래 걸리는 시간에 놀라게 될 것이다. 그러면 공부의 균형이 깨지고 같이 보는 과목도 망하게 될 것이다.

보통 수학 시험은 사회나 한문 같은 암기과목들과 같이 봤다. 그래서 나는 암기과목에 주요 시간을 투자했다. 만약 오후 3시부터 새벽 1시까지 공부한다고 하자. 그러면 3시부터 6시까지는 수학을 공부했다. 이후 6시부터 12시까지는 암기과목을 공부했다. 마지막 1시간을 다시 수학공부를 하고 잠을 잤다.

학원가에는 '직보'라는 표현이 있다. 직보란 내신 시험 전날 하는 수업을 의미한다. '시험 직전 보강 수업'의 줄임말이다. 아이들은 학원에 와서 수학 공부를 하고 질문을 한다.

강사 초기 시절에는 직보를 왜 하는지 몰랐다. 나의 공부 철학과는 반대되는 개념이었기 때문이다. 시험 기간의 1분은 평상시의 1분과 무게감이 다르다. 훨씬 더 소중히 여겨야 하는 것이다. 시간을 어떻게 보내는지가 시험 점수로 직결될 수 있다. 내신시험이란 그만큼 단기 집중력이 중요한 시험이다.

학원에 왔다 갔다 하면 그것 자체로 피곤할 수 있다. 또한 학원에서 직보를 한다는 것은 학원의 흐름에 맡기겠다는 것이다. 공부는 기본적으로 자기주도적으로 해야 한다. 그래서 나는 아이들이 왜 직보를 오는지 몰랐다.

하지만 그러한 내 생각은 내 경험에서 나온 것이었다. 아이들은 오랫동안 학원에 다녔고, 학원에서 공부하는 것이 익숙하다. 오히려 집에서보다 학원에서 선생님의 통제하에 공부하는 것이 더 잘될 수 있는 것이다. 자기주도가 중요하다고 갑자기 집에서 공부하라고 하면 오히려 당황할 수 있는 것이다.

공부의 흐름 또한 아이들이 주도적으로 가져갈 수 있다. 직보는 주로 자습으로 이루어진다. 선생님은 아이들이 필요한 자료와 유형을 즉시 제공해줄 준비가 되어 있어야 한다. 그리고 해당 학교 기출문제에 대한 분석이 끝나 있어야 한다. 나아가 학생의 질문에 즉답해주어야 한다. 최적화된 직보 시간을 가져야 하는 것이다.

직보가 아이들에게 도움이 되는 또 다른 이유가 있다. 대부분의 아이는 시험을 분석하고 판단하는 능력이 많이 부족하다. 나 또한 그랬다. 꼭 시험에 안 나온다고 생각하는 것이 시험에 나왔다. 그리고 기출을 분석하는 힘도 많이 부족했다. 그래서 강사의 역량이 중요하다. 좋은 강사는 반드시 공부해야 할 것을 짚어줄 수 있다.

수열이 시험 범위라면 99%의 학교에서는 '수학적 귀납법'을 서술형 문제로 출제한다. 실제로 고2 학생과 직전 보강을 한 적이 있다. '수열'은 시험범위였다. 나는 수학적 귀납법을 10가지 문제 유형으로 분류했다. 그리고 서술형 문제를 연습시켜주려고 했다. 하지만 학생은 학교에서 선생님이 수학적 귀납법을 강조하지 않았다고 말했다. 그래서 시험에 안 나올 것 같으니 볼 필요 없다고 이야기했다. 나는 어떻게 했을까?

학교에서 선생님이 강조하는 것은 시험에 나온다. 선생님이 강조하지 않은 것은 나올 수도 있고 안 나올 수도 있다. 공부를 잘하는 학생이라면 범위 내의 모든 것을 공부한다. 그러나 선생님이 강조하지 않았다고 특정 내용을 공부하지 않는 경우가 있다. 시험을 본 뒤 선생님을 원망해봐야 소용없다. 시험 범위 안의 내용이라는 강한 명분이 있기 때문이다.

나는 그 학생에게 수학적 귀납법은 무조건 나온다고 말했다. 내기를 해도 좋다고 했다. 당연히 시험에는 수학적 귀납법 문제가 나왔고 그 학생은 그 문제를 맞았다.

미적분 직보 때의 일이다. 아이들이 구분구적법 유형에 약해 보여서 집중적으로 시킨 적이 있다. 하지만 다른 것들도 봐야 할 게 많았다. 아이들은 꼭 필요한 문제 1~2개만 짚어달라고 하였다. 나는 구의 부피를 구분구적법으로 푸는 것을 연습시켰다. 의외로 많은 아이들이 낯설어하기 때문이다. 그리고 서술형 문제에 똑같은 문제가 나왔다. 아이들은 나에게 감사하다고 말했다.

이처럼 직보에서 강사가 해야 할 것이 있다. 아이들의 방향을 잡아주는 것이다. 적중까지 하면 더 좋다. 이렇게 성공적인 직보도 있지만 실패한 직보도 많다. 정확히는 시험을 잘 보지 못한 경우이다.

제발 미리미리 공부하자

강사 입장에서 제일 힘든 것은 숙제를 하나도 안 해오는 아이들이다. 그것도 꾸준히 말이다. 숙제를 안 해오면 동기부여부터 다시 해줘야 한다. 강사의 역할 중에 정신 교육도 있다고 생각한다. 하지만 가족이 아니기 때문에 오랫동안 소통하기가 힘들다. 그리고 엄하게 혼내기도 힘들다. 그럼에도 여러 가지 방법으로 동기부여를 시도한다. 혼내기도 하고 달래기도 하며 용기를 주기도 하고 일갈을 하기도 한다.

어떻게 해도 달라지지 않는 학생들이 많다. 그러한 아이들은 솔직한 말이지만 포기하게 된다. 실제로 손을 놓는 것은 아니다. 하지만 지치게 되는 것이 사실이다.

이러한 아이들은 보통 정신무장이 되어 있지 않다. 공부를 왜 해야 하는지 모르는 것이다. 그러다 직보 때가 되면 열심히 공부한다. 발등에 불이 떨어진 것이다. 소위 '벼락치기'를 하게 된다.

그러한 아이들조차 최고의 결과를 얻을 수 있도록 도와준다. 벼락치기도 잘하면 큰 성과를 낼 수 있다. 하지만 평소에 꾸준히, 열심히 공부한 아이들보다 절대 잘 보기는 힘들다. 벼락치기를 하면 평소에는 안 하던 질문도 많이 한다. 그리고 어떻게 하면 시험을 잘 볼 수 있는지 물어본다. 시험 전날에는 혼내봤자 사기만 저하될 뿐이다. 그래서 열심히 도와준다.

공부를 하다 보면 하기 싫은 파트가 있다. 수학을 예로 들어보자. 내가 어려운 문제 유형이 있을 것이다. 그리고 풀기 싫은 단원이 있을 것이다. 이러한 것들을 나중에 풀겠다는 생각을 해서는 안 된다. 혹시나 '시험기간에 봐야지.'라는 생각도 더더욱 위험하다. 어려운 문제들은 반드시 미리 해결해놓아야 한다. 수학은 벼락치기를 꿈도 꾸지 말아야 한다.

수학만큼 벼락치기가 불가능한 과목은 없다. 수학은 암기과목이 아니기 때문이다. 또한 어려운 문제를 푸는 능력은 하루아침에 길러지지 않는다. 수학 실력은 근육과도 같기 때문이다. 힘이 강해지려고 하루에 팔굽혀펴기를 100개 하면 어떻게 될까? 근육만 상하게 될 뿐 힘은 강해지지 않을 것이다. 수학도 마찬가지다.

시험 전날 학원에서 직보를 할 수도 있고, 혼자 공부할 수도 있다. 어디서 공부하는 것은 중요한 것이 아니다. 자기가 편한 곳에서 하면 된다. 어디서 공부하든 마무리할 생각을 가져야 한다. 새로운 것을 배운다는 것은 있을 수 없다고 생각하는 게 좋다. 그러한 마인드로 평소에 공부해야 한다.

내가 기억하는 성공적인 직보가 있고, 아쉬운 직보들이 있다. 실패한 직보 수업에서는 아이들이 항상 후회를 한다. '더 열심히 할 걸.'이라고 생각한다. 시험 전날 후회하는 학생이 되지 말자. 주도적으로 준비하고 마무리할 수 있는 학생이 되자. 지금이 시험 기간이란 생각을 가져보자. 그러면 성공적으로 시험을 볼 수 있을 것이다.

마법같이 수학이 쉬워지는 Q&A

자신감은 어떻게 얻을 수 있죠?

(수학 점수를 보고 자신감을 잃은 고1 G학생)

무작정 '자신감을 갖자!'라고 최면을 건다고 되는 일이 아닙니다. 그렇게 얻은 자신감은 금방 사라집니다. 자신감의 근거가 필요해요. 그것은 '올라간 성적'뿐입니다. 그렇다고 성적이 안 나오는 지금 우울해하지 마세요. 주눅 들지 마세요. 열심히 하면 될 것이라는 믿음을 가지고 조금 버텨야 합니다. 그리고 그 시간에 공부해야 합니다. 노력을 해서 점수의 상승을 맛보아야 합니다. 실력이 붙을 때 자신감도 붙는 법입니다. 점수가 오를 때까지 조금만 인내해보세요. 응원합니다.

04

수학 등급이 당신의 직업을 바꾼다

/

"공부밖에 할 줄 모르는 바보한테 잘 보여라.
사회에 나온 다음에는 그 바보 밑에서 일하게 될지 모른다."
-빌게이츠(마이크로소프트 설립자)

대단한 사람들도 수학을 노력으로 극복했다

2002~2008년에 고등학교에 입학한 학생들의 공통점이 있다. 바로 미적분을 배우지 않은 문과 세대라는 것이다. 지금은 문과에서도 미적분을 배운다. 초월함수까지는 다루지 않고 다항함수까지만 미분과 적분을 한다.

내가 대학교를 다닐 때 그러한 학생들이 많았다. 인문대나 사회대, 법대 친구들은 미적분을 할 줄 몰랐던 것이다. 한 번은 '경제 수학'이라는 수업을 들은 적이 있다. 경제에 필요한 기초 미적분을 배우는 수업이다. 보통 수학과 학생들이 재미로 듣는 수업이기도 하다. 이공계 학생들은 아무 노력도 안하고 A성적을 받았다. 다른 교양 수업은 외워야 할 부분이라도 있는데, 경제 수학은 수학과 경제 지식만 있으면 공부를 안 해도 시험을 잘 볼 수 있었다. 그래서 경제수학을 강의하시는 교수님들도 이공계 학생, 특히 수학과 학생을 달가워하지 않으셨다.

당시 나도 그 수업을 들었다. 그리고 한 경영대 친구와 친해졌다. 그 친구도 미적분을 처음 공부하는 경영대 학생이었다. 그 친구는 공부에 큰 어려움을 느꼈다. 매일매일 보는 퀴즈를 겨우 풀어냈다. 교수님이 숙제를 내주시면 밤을 새가며 해냈다. 노력이 정말 대단하다는 생각이 들었다. 그리고 안쓰럽기도 했다.

그 친구에게 왜 열심히 하냐고 물어봤다. 그 친구는 좋은 학점을 받아야 꿈을 이룰 수 있다고 이야기했다. 미적분에 대한 기초가 없었던 그는 결국 매일매일 노력해서 수학을 잘하는 학생이 되었다. 그리고 경제 수학에서 당당히 A+를 받아냈다.

그 친구는 머지않아 20대 중반의 나이에 사법고시에 합격하여 변호사가 되었다. 당시 사법고시는 아무나 붙을 수 있는 시험이 아니었다. 대단하다는 생각이 들었다.

꿈을 이루어 내는 사람은 공부를 수단으로 잘 활용할 줄 안다. 직업 중에는 대학교에서의 학점이 중요한 것들이 있다. 경영대 친구의 꿈을 이루기 위해선 학점이 필요했다. 하지만 미적분에 대한 지식이 하나도 없는 상태였다. 누구보다 많이 노력했고, 결국 거기서 얻은 성적이 꿈을 이루는 데 도움이 된 것이다.

이토록 공부는 직업에 큰 영향을 준다. 요즘 이과 학생들 사이에 가장 가고 싶은 대학은 의과대학일 것이다. 대학 트렌드란 바뀌는 것이라 미래엔 어떻게 될지 모른다. 하지만 요즘엔 의대 열풍이 불고 있다.

의대에 입학하려면 이과 최상위권이어야 한다. 그리고 제일 중요한 것은 수학이다. 수학을 포기하면 의대를 갈 수 없다. 의사가 되어 수학이 필요한 것과 별개로, 들어가기 위해 잘해야 하는 것이다. 꼭 의대가 아니더라도 명문대에 가려면 수학은 절대적으로 중요하다. 그리고 수단으로서 공부를 해내야 한다.

10대 때가 공부의 최적의 시기다

같은 학과 지인들 중에는 다양한 진로로 나가신 분들이 많다. 의사가 되기도 하고 변호사가 된 사람들도 있다. 창업을 한 사람들도 많다. 심지어 고깃집 사장을 하시는 분도 계신다. 물론 대부분의 사람은 수학 전공을 살린 일을 한다.

일부 지인들은 어렸을 때부터 꿈이 확고했다. 하지만 대부분의 사람은 계속 꿈이 변했다. 하나의 직업에 올인하는 시대가 아닌 것이다. 이것저것 시도해보며 자신의 꿈을 찾아가는 세상이다. 하지만 중요한 것이 있다. 꿈을 이루기 위해서는 그 시기에만 할 수 있는 것들이 있는 것이다.

특히 공부는 10대에서 20대에 하는 것이 가장 편하다. 주위에서 다 같이 공부하기 때문이다. 그리고 내가 결과를 낼 때까지 기다려준다. 간혹 언론에서는 늦은 나이에 자격증을 따거나 대학을 입학하는 사람들이 나온다. 대단한 사람들이다. 하지만 그러한 사람들이 화제가 되는 것은 반대로 그렇게 되기 쉽지 않다는 것을 뜻한다. 그만큼 공부는 시기라는 것이 있다.

꿈은 계속해서 바뀐다. 하지만 꿈이 바뀌려면 일단 무엇인가를 이루어야 한다. 공부를 잘해보고 서울대를 가봐야 공부의 길로 계속 갈지 말지 결정할 수 있는 것이다. 삼성에 들어가봐야 퇴사를 할지 말지 결정할 수 있는 것이다. 그러기 위해서는 어린 나이에 공부를 해야 한다.

학원 강사로 지내면 신입 강사들로부터 자주 듣는 질문이 있다. "수학 강사를 하고 싶은데 학벌이 좋지 않습니다. 학벌이 많이 중요한가요?"

결론부터 이야기하면 '다다익선'이다. 학벌은 좋을수록 좋다. 하지만 결국은 실력이 중요하다고 이야기해준다. 강사가 수학을 잘해도 게으르면 안 된다. 학생들을 위한 콘텐츠를 계속 개발하고 업데이트해야 하는 것이다. 또한 수학도 나름의 트렌드가 있다. 내신도 수능도 마찬가지다. 그래서 게으르면 트렌드를 놓치기 쉬운 것이다.

하지만 꼭 성실하다고 좋은 강사는 아니다. 본인만의 매력도 있어야 하며 강의력도 좋아야 한다. 유머 감각도 필요하다. 그리고 무엇보다 그 강의를 듣는 학생들의 성적을 올려줄 수 있어야 한다. 강사는 돈을 받고 일하기 때문이다.

좋은 강사를 하나의 조건으로 요약하기는 쉽지 않다. 분명한 것은 대단한 강사들 중 서울대 출신이 아닌 분들도 많다는 것이다.

학벌이 중요하냐고 물어보는 사람들은 대체로 학벌 콤플렉스가 있다. 비단 이러한 콤플렉스는 학원 강사라는 직업에만 국한되는 이야기는 아니다. 누구나 자기가 가보지 못한 것에 대한 후회나 미련이 있을 수 있다. 물론 자신의 학벌에 만족하며 지내는 사람도 많다.

이러한 미련이 남지 않으려면 둘 중 하나를 해야 한다. 늦게라도 서울대에 가면 된다. 혹은 본인의 다른 실력을 늘려서 성공하면 된다.

공부를 못했어도 본인만의 장점을 살려 잘 사는 사람들이 많다. 그러한 사람들은 자기에 대한 자긍심이 강하다. 그리고 공부를 잘할 필요가 없다고 한다. 그들에게는 그것이 맞는 이야기다.

실제로 서울대 졸업생 상당수는 평범한 삶을 살아간다. 그리고 '서울대 나와도 별거 없다.'라고 이야기한다. 이것은 반은 맞고 반은 틀린 말이다. 사실 서울대 출신이라는 것은 냉정하게 보면 고등학교 때 남들보다 공부를 잘했다는 것을 의미한다. 물론 더 많은 의미부여를 할 수도 있다. 게다가 서울대 출신이란 이유로 크고 작게 많은 혜택을 받게 된다. 그리고 남들보다 좋은 조건에서 일을 시작할 수 있음은 부정할 수 없다.

문제가 되는 것은 이도 저도 아닌 경우다. 공부를 딱히 잘했던 것도 아니다. 그렇다고 끼가 있는 것도 아니다. 무엇인가 하나를 진득하게 노력해본 적도 없다. 본인 삶에 만족하면서 행복하게 살면 괜찮다. 하지만 다수는 자신의 직업이나 삶에 대해 불만을 가지며 살아간다. 항상 국가와 사회를 비난한다. 그리고 본인이 '흙수저' 출신임을 강조하고 머리가 안 좋다는 것을 호소한다.

다른 사람들은 그러한 호소에 관심을 가져줄 여유가 없다. 나는 그러한 사람들을 피한다. 앞서 언급했던 '드림 킬러'와 같은 사람들이기 때문이다. 누구나 재능이 있고 잘하는 것이 있다. 진득한 노력으로 어떻게든 성장할 수 있다. 그리고 꽤 많은 사람들이 공부로 그 길을 이루어낸다. 공부를 잘해봐야 후회 없이 다른 곳으로도 눈을 돌릴 수 있다.

공부는 인생의 전부가 아니다. 하지만 이 글을 보는 당신은 수험생일 확률이 높다. 수험생이면 직업을 '공부하는 사람'이라고 생각하면 된다. 부모님의 지원 아래 공부만 하면 된다. 그리고 하나의 방향만 있다. 직진만 하면 되는 것이다. 자기가 가지고 있는 직업에 최선을 다해야 한다. 이직하기 전까지는 말이다.

나는 공부가 잘되지 않을 때, 힘들게 살아가는 사람들을 보았다. 아프리카에서 굶어 죽는 아이들, 북한에서 태어난 사람들에 비하면 나는 너무나 행복하고 편한 삶을 살고 있다. 내가 큰 병 없이 공부할 수 있는 상황은 축복이라고 생각했다. 그래서 내가 처한 상황에 불만 갖지 않고 열심히 공부했다.

내 꿈은 원래 의사였다. 물론 의사 대신 강사가 되었지만 나는 나름대로 즐겁게 잘 살고 있다. 그리고 현재에 만족하지 않고 더 열심히 살려고 한다.

당신이 무슨 직업을 가지게 될지는 아무도 모른다. 중요한 건 지금 생각하고 있는 직업을 향해 달려가야 한다는 것이다. 그 과정에서 수학 성적은 큰 도움이 될 것이다. 그리고 선택의 폭을 넓혀줄 것이다. 그리고 나중에 후회할 구실을 만들어주지 않을 것이다. 수학 등급이 당신의 직업을 결정한다. 꿈을 그리며 수학 공부를 해보자.

05

대입의 승패는 수학 성적에 달려 있다

/

"노력은 수단이 아니라 그 자체가 목적이다.
노력하는 것 자체에 보람을 느낀다면
누구든지 인생의 마지막 시점에서 미소를 지을 수 있을 것이다."
─톨스토이(러시아의 소설가)

고2 때 생긴 수학 공부 습관

고1 말이 되면 문과를 갈지, 이과를 갈지 골라야 했다. 모의고사를 보면 점수는 수학, 과학 과목이 더 잘나왔다. 하지만 어느 쪽으로 가야 할지 확신이 서지 않았다. '혹시'라는 것이 있지 않은가. 내가 정말 이과 성향일지 궁금했다. 그래도 국어를 별로 안 좋아했기에 과감히 이과로 지원하게 되었다.

고등학교에는 '단위 수'라는 것이 있다. 과목마다 내신 점수를 산출할 때 비중이 다른 것이다. 단위수가 높을수록 일주일에 수업을 많이 한다.

2학년이 되니 수학이 8단위였다. 매일매일 수학을 배웠다. 국어, 영어,

과학이 각각 6단위였다. 한문, 정보, 체육은 각각 2단위였다. 이과생에게 딱 맞는 구조다. 수학을 잘하면 제일 좋다. 그다음으로 국어, 영어, 과학이 동등하게 중요했다.

다행히 나는 이과 성향이 있었고 즐거운 고등학교 2학년 생활을 보낼 수 있었다. 나는 이과 과목만 공부 하고 싶었던 것이다. 내가 잘하는 과목들이 비중이 높으니 더 공부에 집중할 수 있었다.

2학년 때 우리 학교는 화학 반, 물리 반, 생물 반, 지구과학 반으로 나뉘었다. 나는 화학 반이었다. 화학 1, 2를 2학년 때 배우고 물리1, 생물1을 3학년 때 배우는 구조였다. 다른 반 아이들은 반대로 배웠다. 수능에선 원 과목 3개와 투 과목 1개를 봤다.

우리 반 아이들은 대체로 수학을 좋아했다. 게다가 과학 중에서는 화학을 좋아하는 아이들만 몰려 있었다. 비슷한 성향의 학생들끼리 모이니 공부가 더 잘됐다. 자연스럽게 공부 분위기가 조성됐다.

나랑 티격태격 많이 싸우기도 하고 서로 도움을 주기도 한 친구가 있었다. 그 친구는 항상 수학을 줄이 없는 노트에 풀었다. 노트를 가로로 두고 한가운데에 한 문제만 풀었다. 푸는 속도도 빨랐다. 그만큼 연습장도 빨리 쓰고 버렸다. 옆에서 보면 종이가 아깝기도 했다. 하지만 한편으론 수학을 게임하듯 즐겁게 푸는 모습이 신기했다. 그 친구를 보면 '생각하는 즐거움'이라는 표현이 떠올랐다.

나는 항상 성적에 대한 압박감이 있었다. '내가 대학이라는 곳에 갈 수 있을까?' 고민도 많이 했다. 수학 문제를 풀기 전에는 괜히 긴장이 됐다. 문제 하나하나를 푸는 데 쓸데없는 의미 부여를 많이 했다. 준비 운동이 긴 것이다. 그 친구는 문제에 접근하는 태도가 가벼웠다. 나도 그 친구처럼 줄 없는 스프링 연습장을 샀다. 그리고 수학 문제를 빠르게 많이 풀기 시작했다. 연습장은 내 생각의 나래를 펼칠 수 있는 공간이었다. 해보고 싶은 다양한 방법을 실천할 수 있는 곳이었다. 덕분에 공부에 대한 내 역치가 많이 줄어들게 되었다. 그리고 빠르게 쌓여가는 다 쓴 연습장을 보며 흐뭇해하기도 했다. 공부를 많이 한 것 같은 느낌이 들었기 때문이다.

고2 때 제대로 잡힌 공부 습관 덕에 수학 실력이 비약적으로 상승했다. 덕분에 수학은 항상 가장 자신 있는 나만의 전략과목이 되었다. 수학은 대입에서 가장 중요하다. 그만큼 가장 오랫동안 꾸준하게 공부하는 것이 좋다. 매일매일 밥 먹듯 수학문제를 풀어야 한다.

수학이 기본이 된 상태에서 다른 과목들을 균형 있게 공부하면 된다. 그렇게 공부해야 실력이 붙는다. 그렇게 해야 다른 과목을 급하게 공부해야 할 때, 수학을 잠깐 쉬어도 실력이 녹슬지 않는다.

남과 비교하지 말자, 내가 100점을 받으면 된다

내신이든 수능이든 수학의 비중은 크다. 수학을 포기하면 갈 수 있는 대학이 많이 줄어든다. 상위권 대학을 갈려면 수학 점수가 정말 중요하다. 문과 이과 모두 수학이 중요하다. 수학을 잘하면 좋은 점들이 많다. 예를 들면 최저등급을 보지 않는 수리 논술 전형을 지원해볼 수 있다. 구술 면접에서도 수학은 중요하다. 대학에 지원하는 학생들의 내신 성적이 비슷하면 수학에 더 가중치를 둔다. 기본적으로 대학은 수학을 잘하는 학생을 선호한다. 그만큼 수학이라는 학문이 중요하기 때문이다.

대입에서 수학의 중요성을 부인하는 사람은 아무도 없다. 모두 수학이 가장 중요하다는 것을 안다. 따라서 포기하지 말고 열심히 해야 한다.

수능 수학 '가형'을 준비하는 아이들 중 일부는 '나형'으로 바꿀지 고민에 빠지게 된다. 수능 시험이 어렵게 나와도 가형 1등급 컷은 대체로 92점 이상으로 정해진다. 최상위권 아이들은 시험을 항상 잘 보기 때문이다. 많아도 2개 이하로 틀려야 1등급을 바라볼 수 있는 것이다.

반면 나형에서는 높은 등급을 받기 좀 더 수월하다. 등급 컷이 좀 더 낮기도 하지만 범위가 더 적기 때문이다. 그리고 상대적으로 '가형'보다 쉽다. 그래서 좋은 등급을 받고자 나형으로 갈아타는 아이들도 있다.

내가 알던 어느 학생은 가형에서 3등급 정도의 점수가 나왔다. 그 친구는 고3, 6월 평가원 모의고사를 본 뒤 나형으로 바꾸기로 하였다. 그 친구에게 왜 나형으로 바꿨는지 물어봤다.

"가형의 콘크리트 같은 최상위권을 이길 자신이 없어요."

일리가 있는 말이다. 가형에서 고득점을 받는 것은 난이도가 높다. 이과 최상위권 아이들 중에는 수학 고수들이 많다. 바꾸는 게 이득일 수 있다. 하지만 상위권을 이길 수 없다는 마인드로는 나형으로 바꾸어도 승산이 없다.

나는 중학교 때 머리가 뛰어난 아이들을 보며 주눅이 들었다. 그리고 이런 생각을 했다. '나는 저 아이들을 이길 수 없다. 저 아이들은 나보다 IQ가 높을 것이다. 그리고 공부하는 시간도 나보다 많을 것이다. 나는 게임을 좋아하니까. 그리고 집에서도 사교육을 많이 시킬 것이다. 그리고 이미 저들은 나보다 성적이 좋지 않은가? 나보다 머리 좋은 노력하는 아이들을 무슨 수로 이기나?'

이런 생각은 사람을 좀먹게 만든다. 성공할 수 있는 요인과 방법들이 있다. 실패할 수 있는 요인과 방법이 있다. 성공할 수 있는 것들을 찾아 시행할 시간도 부족한데 실패할 궁리부터 찾고 있는 것이다. 실제로 열심히 공부하다 보면 나보다 잘났다고 느껴지는 아이들을 반드시 이길 때가 온다. 하지만 더 중요한 것은 누구를 이기겠다는 마인드가 아니다.

돌아가서 이과 최상위권 이야기를 해보자. 그들이 이길 수 있는 존재인지는 생각할 필요가 없다. 수능 시험은 게임처럼 남들과 승패를 겨누는 것이 아니기 때문이다. 내가 100점만 받으면 되는 것이다. 수능 가형에서 100점을 받는 것은 쉬운 게 아니다. 그래도 100점에 초점이 맞추어져야 한다.

'내가 100점을 받으려면 어떻게 해야 할까? 아무리 노력해도 92점에서 96점까지밖에 나오질 않아. 어떻게 하면 더 잘할 수 있을까?'

이러한 생각이 건설적인 생각이다. 시험을 잘 보기 위해선 기준을 나에게 두어야 한다. 그래야 멘탈 관리를 할 수 있고 좋은 성적을 받을 수 있다. 최상위권 아이들이 어떻게 100점을 받는지 조사하고 연구하는 것은 좋다. 하지만 그들을 이기겠다는 생각을 버려보자. 대신 시험을 이기자는 마음을 가져라. 그것이 정신 건강에 더 좋다.

특목고든 일반고든 어디를 가도 수학을 배우게 된다. 그리고 수학 성적은 대학 입시에 가장 큰 영향을 끼친다. 대학은 수학 점수가 높은 사람을 좋아한다.

목표가 대학 입학이라면 가장 중요한 것부터 챙겨야 하는 게 당연하다. 수학은 가장 중요하다. 그만큼 실력이 쌓이는 데 오래 걸린다. 수학보다 솔직한 과목은 없다.

수학이 어렵다고 좌절하지 말자. 어차피 마주해야 할 것이라면 즐거운 마음으로 공부해보자. 계속해서 방법을 찾고 꾸준히 공부하다 보면 좋은 결과가 있게 된다. 수학 공부를 힘들어하는 여러분을 도와주고 싶은 마음이 많다. 수학 공부는 절대로 여러분을 배신하지 않는다. 기억해라. 대입의 승패는 수학 성적에 달려 있다는 것을.

마법같이 수학이 쉬워지는 Q&A

어려운 문제는 얼마나 고민해야 하나요?

(5분 고민하고 바로 답지를 펼쳐보는 고1 E학생)

어려운 문제는 오래 고민할수록 좋습니다. 저는 고등학교 때 한 문제로 1주일을 고민한 적도 있어요. 하지만 모든 문제를 이렇게 공부하면 고3 안에 대학을 가는 것이 쉽지 않습니다. 그래서 적절한 타협의 측면에서 답을 봐야 합니다. 이처럼 답지를 보는 것은 끝없는 타협의 연속이에요. 답지를 보는 순간 사고가 닫히고 문제에 진 것이라는 생각을 해야 합니다. 하지만 패배했다고 우울해할 필요는 없습니다. 교훈을 얻었으니 다음에 싸울 문제에서 이기자는 마인드로 임하면 됩니다. 실전에서 이기면 장땡인 것이라는 마인드를 가지세요.

06

바로 지금이 수학에 집중할 때다

/

"교육은 유산이 아니라 취득이다."
-『탈무드』

성실한 학생이 시험을 잘 본다

나는 영재학교, 과학고, 일반고 아이들을 모두 가르친다. 머리가 좋은 친구들도 있고 성실한 아이들도 있다. 둘 다인 친구들도 있다. 실제로, 영재학교 3차 시험에서 아깝게 떨어진 머리가 굉장히 좋은 친구가 있었다. 공부를 할 때도 힘들어 보이지 않고 즐기는 모습이었다. 내가 내는 어려운 문제까지도 혼자 푸는 친구였다. 그러면 보상으로 치킨을 사주었다. 중학교 3학년 때 이미 수능 킬러 문제를 풀 수 있는 실력의 아이였다.

반면 또 다른 친구는 항상 학원 시험에서 중하위권의 성적을 받았다. 학교에서도 중위권 점수였다. 하지만 그 친구는 굉장히 성실했고, 내가 내주는 숙제도 항상 80% 이상 해왔다.

두 학생은 같은 학교였고, 1학년 때는 머리 좋은 친구가 성적이 더 좋았다. 하지만 1학년 2학기부터 역전이 되더니, 2학년 때부턴 항상 성실한 아이가 더 좋은 점수를 받았다. 두 학생은 하나 이상의 등급이 차이가 났다. 결국 성실한 학생은 원하는 대학에 갈 수 있었다.

어떻게 이런 일이 가능할까? 이유는 간단하다. 성실한 아이가 훈련을 많이 했기 때문이다. 고등학교 수학은 머리만 좋아서는 잘하기 힘들다. 머리가 좋으면 당연히 좋지만, 계산 훈련과 경험치를 무시할 수 없다. 게다가 대부분의 학교 내신은 그 학교 스타일에 맞추어 얼마나 성실하게 공부했느냐가 성적을 좌우한다. 머리를 탓하지 말고 묵묵히 공부하면 되는 것이다.

영재학교 입시는 보통 중3, 5월에 진행된다. 과학 고등학교 입시는 11월에 있다. 영재학교에 떨어지고 과학고마저 떨어지는 아이들이 있다. 그러면 자사고나 일반고에 진학하게 된다. 나는 그러한 아이들도 많이 수업을 한다. 중요한 것은 절대로 학생을 판단해서는 안 된다는 것이다.

실제로 학생 개개인마다 실력이 폭발하게 되는 시기가 있다. 그것이 빠르게 찾아오는 아이가 있고 늦게 찾아오는 아이가 있다. 하지만 중요한 것은 열심히 공부했을 때 그러한 성장이 나타날 수 있다는 것이다.

영재학교에 합격한 뒤로 공부에 손을 놔버린 아이가 있었다. 그 아이는 공부에 흥미를 잃었고 숙제는 하나도 안 했다. 인생의 목표가 '영재고 합격'이었던 것이다. 결국 학교에 가서도 좋지 않은 결과를 얻었다.

반대로 일반고에서 나와 계속 공부한 아이가 있다. 그 아이는 내가 내준 숙제를 모두 다 풀어왔다. 아무리 많이 내줘도 말이다. 내가 내주는 숙제를 다 해오고 시험을 못 본 경우는 없다. 결국 그 아이는 전교에서도 수학을 잘하는 학생이 되었다. 고1이 되어서야 꽃을 피운 것이다.

노력하면 반드시 보상받는다. 그때 해야 할 노력의 양은 주변 사람들을 놀라게 할 정도여야 한다. 나는 가끔 숙제를 많이 내면서 '과연 아이들이 다 해올 수 있을까?'라는 생각을 한다. 물론 내가 터무니없이 숙제를 내주는 것은 아니다. '내가 다시 고등학생으로 돌아간다고 가정했을 때 목표가 명문대라면 풀어야 할 양'을 숙제로 준다. 나를 놀라게 한 학생들은 모두 잘됐다.

수학에서 보상은 느리지만 반드시 온다

무슨 일이든 보상이 있어야 흥미가 생기게 된다. 우리가 게임을 좋아하는 이유는 보상 때문이다. '리니지'라는 RPG게임이 있다. 수많은 사람을 폐인으로 만들어버린 게임이다. 나는 리니지를 하지 않았다. 대신 '스타크래프트'라는 게임을 많이 했다. 내가 보기에 리니지라는 게임은 캐릭터도 느릿느릿 움직이고 재미가 없어 보였다. 하지만 그 게임에 중독된 사람들은 이유가 있었다. 바로 캐릭터의 성장이라는 '보상'이 주어지기 때문이다. 조금의 시간만 투자하면 캐릭터는 경험이 쌓이고 성장을 한다. 더 강해지고 좋은 아이템을 사용한다. 그 과정에 매료되어 게임에 빠지는 것이다.

공부는 보상이 느린 게임과도 같다. 특히나 수학이 그렇다. 수학 실력은 단기간에 늘지 않는다. 적어도 몇 달은 걸린다. 만약 공부를 못했던 학생이 공부 시작 후 한 달 만에 성적이 올랐다고 하자. 그 사람은 머리가 좋았다고 볼 수밖에 없다.

결국 성적을 올리기 위해 투입해야 하는 노력과 시간이 많이 필요한 것이다. 보상이 주어지지 않더라도 참고 공부해야 한다. 대신 느리더라도 실력이 느는 것이 느껴져야 한다. 앞서 말할 대로 잘못된 공부법은 독이다. 제대로 된 공부법으로 공부했을 때, 시간이 걸려도 실력은 반드시 향상된다. 일단 실력이 늘면 기분이 좋아지고 더 열심히 공부하게 된다. 공부를 잘하려면 빠르게 양성 피드백 과정으로 진입해야 하는 것이다.

시험을 잘 보려면 자신감이 필요하다. 하지만 자신감은 무에서 오지 않는다. "넌 무조건 잘될 거야."라고 희망적으로 말하는 사람을 좋아하지 않는다. 그리고 "자존감을 높여라. 너는 소중한 사람이야. 자신감을 가져."라고 말하는 사람들도 좋아하지 않는다. 그런 근거 없는 말들은 일시적인 위로는 되어도 해결책이 되지 못한다.

태생적으로 자존감이 높은 사람은 별로 없다. 갖고 태어난 것이 많아야만 가능한 일이다. 대다수의 보통 사람은 자존감이 높을 수가 없다. 환경적으로 그렇기 때문이다. 그러한 사람들에게 무턱대고 자존감을 높이라고 하면 무슨 의미가 있겠는가?

자존감은 내가 만들어낸 결과와 성과가 높여주는 것이다. 믿음만으로 높아지지 않는다.

수업을 하면서 제일 안타까운 것은 노력해도 안 오르는 경우이다. 내가 가르쳤던 한 학생은 성적이 항상 좋지 않았다. 그 학생은 내가 내준 숙제를 열심히 했다. 물론 다는 못 했다. 그리고 나에게 질문도 많이 했다. 하지만 늘 기대보다 성적이 낮았다. 그리고 본인 스스로도 자책을 많이 했다.

나는 그 학생을 유심히 관찰했다. 그리고 한 가지 큰 사실을 알아냈다. 그 학생은 보여주기식 공부를 한 것이었다.

"블랙라벨을 한 번 돌렸어요. 정석을 두 번 돌렸어요. 근데도 성적이 안 나와요."라고 말했다.

여기서 2가지를 짚고 넘어가야 한다. 첫째로 필요한 공부의 양은 사람마다 다르다. 공부에는 기준이란 것이 없는 것이다. '정석을 몇 번을 보면 시험을 잘 본다'는 공식은 없다. 자기가 부족한 만큼 다시 봐야 하는 것이다. 그 학생은 스스로 적당한 기준을 정해두고 그것을 채운 뒤 만족했던 것이다.

두 번째 문제는 효율이었다. 그 학생을 관찰해보니 공부를 하는 시간보다 다른 생각을 하는 시간이 더 많았다. 틀린 문제에 대해 자책하고 엎드려 쉬거나, 다른 고민들을 하는 것이다. 주어진 시간을 알차게 수학에만 활용한 것이 아니다. 결국 실제로 공부를 한 양이 적은데도 스스로 많이 했다고 착각하는 것이다. 이런 경우 '열심히 했는데도 이 모양이네.'라는 생각이 들어 더 무기력해질 수 있다. 그래서 공부도 '잘'해야 한다.

강사 생활을 하다 보니 수만 가지 유형의 학생을 보게 된다. 성적이 오르는 아이들이 있고 정체되는 아이들이 있다. 성적이 떨어지는 아이들도 있다. 모든 것에는 분명히 이유가 있다.

공부를 왜 해야 하는지 알아도 공부가 재미있기란 쉽지 않다. 재미를 느낄 수 있는 유일한 순간은 그것을 '잘할 때'다. 잘하려면 우선 공부를 해야 한다.

나는 어려운 수학 문제를 보더라도 어렵다는 이야기를 안 하려고 노력한다. 격자점 세기와 같이 성가신 문제가 나와도 싫은 티를 내지 않는다. 최대한 부정적인 감정을 배제하고 수업한다. 내가 '어렵다'고 해버리면 아이들은 '어려우니 못 해도 된다'는 생각을 가지기 때문이다.

공부를 싫은 것이라 생각하지 말자. 최대한 덤덤한 자세로 공부하자. 계속 하다 보면 점차 잘하게 될 것이다. 그리고 한 번 수학 공부가 즐거워지면 많은 것이 술술 풀리게 될 것이다. 가장 중요한 과목에 대한 해답을 얻은 것이기 때문이다.

지금이 수학에 집중할 때임을 명심해라. 집중해서 하다 보면 공부가 즐거워질 것이다. 그러면 원하는 대학은 저절로 가게 된다. 당신의 노력을 지지한다.

마법같이 수학이 쉬워지는 Q&A

동기부여가 되어 있는지 어떻게 알 수 있나요?

(아직도 공부할 마음을 못 잡고 PC방을 들락거리는 고2 S학생)

지금 공부에 올인할 수 있는 상황인지 알 수 있는 방법이 하나 있습니다. 당신의 일정이 갑자기 취소가 돼서 2일의 여유가 생긴다고 가정해보세요. 예를 들어 토요일, 일요일에 학원에 다녔는데 갑자기 수업이 취소된 것이죠. 그럼 무엇부터 하고 싶으세요? 당연히 사람이라면 놀고 싶을 겁니다. 하지만 머릿속에 떠오른 1순위가 '밀린 공부'라면 동기부여가 잘 되어 있는 상태입니다. PC방, 영화, 맛집, 친구 등이 먼저 떠올랐다면 아직 부족합니다. 얼른 동기부여부터 하고 오세요. 동기부여가 안 된 상태로 공부하면 고생만 하게 됩니다.

에필로그

가능성은 끊임없는 노력이 만든다!

수학 시험은 많은 사람들을 울고 웃게 만든다. 사실 울게 만드는 경우가 더 많다. 열심히 공부했지만 사소한 실수로 등급이 내려가는 친구들을 보면 내가 다 마음이 아프다. 시험을 본 아이의 마음은 오죽할까? 좋은 내신 성적을 받다가 한 번 실수하면 대학이 바뀌는 세상이다. 모의고사를 아무리 잘 봐도 수능을 망치면 재수를 생각해야 하는 세상이다. 우리나라 고등학생들은 입시 경쟁에서 너무나 큰 스트레스를 받고 있다.

나도 마찬가지였다. 나는 성적이 좋은 편에 속했으나 슬럼프도 많았다. 시험 기간마다 큰 스트레스를 받았다. 차라리 죽으면 어떨까 생각한 적도 많다. 그럴 때마다 나는 '어떻게 하면 평정심을 찾을 수 있을까?'라는 고민을 했다. 내 감정을 계산하고 컨트롤하고 싶었다. 그렇게 노력한 결과 나만의 멘탈 유지법을 찾을 수 있었다. 그건 바로 '100세 시대이니 인생 멀리 보자.'이다.

한 번의 시험을 삐끗해서 수시로 대학에 못 가면 정시로 가면 된다. 정시가 힘들면 재수, 삼수를 하자는 마인드로 도전하면 된다. 그렇다고 지금의 시간을 설렁설렁 보내라는 것이 아니다. 지금 이 시기엔 죽을 듯이 공부하는 게 맞다. 하지만 돌이킬 수 없다고 여기는 실수를 했을 때도, 반드시 복구할 길이 있다는 것이다. 목표로 가던 길이 무너지면 우회해서 가면 된다. 그리고 그 과정에서 마인드가 가장 중요하다.

성공한 사람들이 꽃길만 걸은 것은 아니다. 수많은 실패와 패배의 경험을 가지고 있다. 하지만 그러한 상황을 긍정 마인드로 극복하고 만다. '다음에 성공하면 되지 뭐.'라고 생각하며 덤덤히 넘겨버리는 것이다. '인생은 결국 나의 꿈으로 수렴하는 수열이다.'라고 생각해야 한다. (단, n을 충분히 크게 하려면 공부라는 노력을 해야 한다.)

이 책에서는 처음부터 끝까지 노력을 강조한다. 노력은 그만큼 중요하다. 노력을 한다고 모든 것을 이룰 수는 없다. 하지만 적어도 후회는 하지 않게 된다. 방탕했던 자신의 과거를 후회하지 말자. 어차피 돌아가도 똑같다. 지금 이 순간을 잘 보내는 것이 더 중요한 것이다.

성인이 됐다고 공부와 노력이 끝나는 것은 아니다. 이 책을 쓰기까지도 부단한 노력과 배움이 있었다. 나는 실제로 1년에 책 한 권도 읽지 않는 사람이었다. 책을 읽는 것은 따분한 일이고 생산적이지 않다고 생각했다. 그러던 어느 날 고등학교, 대학교 동문인 친구 정인교가 책을 출간했음을 알게 되었다. 그는 자연과학대학 지구환경과학부 출신이다. 그런 친구가 '독서'를 주제로 책을 발간했다니 믿을 수 없는 일이었다. 그리고 '독서법'을 주제로 강연을 하고 다닌다니, 있을 수 없는 일이 일어난 것이다. 나는 공부법에 관해 오랫동안 생각했다. 나만의 독창적인 아이디어들도 많았다. 하지만 기록하지 않으니 허공으로 사라져버리고 말았다. 책 한 권 읽지 않는 내가 내 생각을 담은 책을 쓴다는 것은 상상도 할 수 없었다. 심지어 국어를 매우 싫어하는 나였다. 그런 나에게 글쓰기는 거대한 산과도 같았다. 그 친구의 책을 시작으로 오랜만에 독서를 하게 되었다. 고등학교 때 국어 수행평가 때문에 '독서록'을 쓴 뒤로 처음이었다. 곧 나는 책을 쓰기로 결심했다. 내가 쓰고 싶은 주제와 생각들은 이미 너무나 많아서 잘 정리만 하면 되는 상황이었다.

막상 책을 쓰려고 하니 진전이 잘되지 않았다. 우선순위를 몰랐기 때문이다. 이대로 가면 1~2년은 걸릴 것 같다는 생각이 들었다. 그래서 나는 유명한 책 쓰기 코치 '김태광 대표'를 찾아갔다. 그리고 40일 만에 이 책을 쓸 수 있게 되었고 출판까지 일사천리로 이어지게 되었다. 참 감사하고 믿을 수 없는 일이다. 이처럼 고수의 가르침은 결과를 만들어 내는 데 큰 도움이 된다. 물론 40일 동안 피나는 나의 노력이 더해졌기에 가능한 일이다.

나는 사교육의 도움 없이 대학에 입학했다. 아주 잠깐 자만했지만 대학에서 뛰어난 친구들을 보는 순간 바로 겸손함을 배우게 되었다. 그리고 20대 때 적절한 교육을 통해 여러 차례 성장할 수 있었다.

아일랜드에 살면서 영어 학원에 다녔다. 스피치 학원에서 전직 아나운서에게 말하기를 배웠다. 헬스 트레이너에게 운동을 배웠다. 글쓰기 코치에게 책 쓰는 법을 배웠다. 이 모든 것은 따지고 보면 사교육이다. 혼자서도 시간과 노력을 투자하면 배울 수 있는 것이다. 이것은 나를 가르쳐준 모든 사람이 공통적으로 한 말이기도 하다.

"나에게서 배우는 것들은 당신 혼자서도 터득할 수 있는 것입니다. 하지만 수많은 시행착오를 겪어야 합니다. 긴 시간과 노력, 그리고 무엇보다 강인한 의지가 필요합니다."

맞는 말이다. 누군가에게 돈을 주고 배우는 것은 내 시간을 단축시켜주는 효과가 있다. 그만큼 시간은 소중한 것이다. 고수에게 배우면 시간만 단축되는 것이 아니다. 오랜 시간을 투자해도 알 수 없는 것이 분명히 있다. 그 분야의 전문가가 아니면 깨닫기 힘든 것들이 많다. 고등학생이 몇 달 동안 '함수의 극한' 개념을 공부해도 입실론 델타 논법을 생각하기란 쉽지 않은 것과 같다. 수학 천재들이 만들어 낸 업적을 혼자서 다 이해하는 데는 분명 한계가 있다. 혼자 공부하면 그 원리를 정확히 알지도 못한 채 문제만 잘 푸는 사람이 될 수 있다. 내가 그랬기 때문이다.

성인이 되고 느낀 것은 고수의 가르침이 꼭 필요하다는 것이다. 그리고 자신의 노력이 더해졌을 때에 그 효과가 나타난다. 이 책에서 말하고 싶었던 것도 같은 맥락이다. 사교육을 안 받은 나처럼 공부하란 소리가 아니다. 나는 특이한 경우임을 알아야 한다. 자신에게 득이 될 것 같으면 과감하게 투자해야 한다. 꼭 비싼 학원을 다니란 소리가 아니다. 과외, 인터넷 강의, 좋은 공부법 코치, 컨설팅 등 우리가 이용할 수 있는 상품이 많다. 발품을 잘 팔면 매우 저렴한 가격으로 양질의 자료를 접할 수 있다. 조금 비싸도 나에게 결과를 가져다줄 수 있으면 과감히 구매하는 게 좋다. 그만큼 목표 달성과 결과가 중요하다. 단, 사교육을 이용해 사기를 치는 사람을 잘 피해야 하는 것도 잊지 말자.

혼자서만 공부하면 우물 안 개구리가 될 수 있다. 나는 비록 혼자 공부했지만 끊임없이 전교권 아이들과 교류했다. 그리고 '오르비스 옵티무스'와 같은 인터넷 사이트를 통해 전국의 아이들과 소통했다. 외부의 정보와 고수의 도움을 적절히 이용할 줄 알아야 한다. 물론 수학 공부의 본질인 '혼자 깊게 고민하기'도 해야 한다. 나의 이런 조언이 독자들에게 조금이라도 도움이 된다면 큰 보람을 느낄 것 같다.

이 책을 쓰는 데 큰 도움을 준 김태광 대표님, 권동희 대표님 그리고 친구 '정소장'에게 감사하다는 말을 하고 싶다. 이들은 나의 잠재력을 꺼내는 데 도움을 준 이들이다. 또한 나를 항상 응원하고 지지해주는 가족에게 사랑의 마음을 표현하고 싶다. 아버지, 어머니, 동생 준현이 그리고 나와 20대를 함께한 강아지 아롱이, 다롱이까지 모두 생각난다. 그들이 없었다면 지금의 나도 없을 것이다. 무엇보다 항상 포용의 마음으로 나를 이끌어준 어머니에게 깊은 감사를 표하고 싶다.

나를 응원하며 도움을 준 모든 사람에게 이 책을 바치며 마무리하겠다.